ルターはヒトラーの先駆者だったか

宗教改革論集

宮田光雄

新教出版社

口絵1　ルーカス・クラーハナ『堕罪と救済』
（ヴァイマール市教会の大祭壇画より。1555 年）

口絵 2　アルブレヒト・デューラー『四人の使徒』（1526 年）

口絵 3　ピーテル・ブリューゲル『十字架への道行き』（1564 年）

はじめに

宗教改革五〇〇年を記念する

二〇一七年は、一五一七年一〇月三一日にルターがヴィッテンベルクの城館付属教会《シュロスキルヒェ》の扉に「九十五箇条の論題《テーゼ》」を提示したときからちょうど五〇〇年目に当たります。ドイツの内外で宗教改革記念日として各地で特別の展示会や祝典が盛大に催されたようです。改めて、そのことのもつ意味について考えてみたいと思います。

1 一〇〇周年記念の歴史

実はドイツでは、一〇〇周年ごとに、ルターの生誕や没後記念日に並んで、この宗教改革記念日を祝う国家的な行事が催されてきました。ルター自身にとっては、それは、まことに理解に苦しむ事実だったことでしょう。彼は、自分を歴史上の偉人とみなすことも、いわんや祝祭日の対象となることなど夢想だにしていなかったはずですから。

すでに一六一七年の最初の宗教改革一〇〇年記念の祝祭は、ルターを神から選ばれた預言者として、《宗教改革の民ドイツ》を自賛する宗派的な非寛容の精神が刻まれていました。その翌年に始まるカトリック‐プロテスタントのあいだの宗派戦争が三〇年間ドイツの内外で荒れ狂うことになったのは、けっして偶然ではなかったのです。

それでは今から一〇〇年前の記念日はどうだったのか。それは、第一次世界大戦の真っ只中に当たっていました。一九一四年八月にドイツが西欧連合諸国に宣戦布告したあと、ルターの有名な賛美歌「神はわが砦《とりで》」が盛んに歌われ、人びとはドイツ側の正当性と勝利を確信していました。しかし、一九一七年一〇月の時点では、戦況全体はドイツにとって不利に傾き、翌年の夏には敗戦を迎えたのです。いまや、どん底状態の国民生活の只中で、忍耐して戦い抜く《ドイツ的英雄ルター》が広く訴えられる合言葉となったのでした。

宗教改革を記念する催しがナショナリズムと結びついてきた歴史の教訓を忘れてはならないでしょう。こうした記念祭の伝統の中で、数少ない貴重な意見の一つにカール・バルトの発言があります。彼は、ルター記念の正しい在り方として、ルターを「神の忠実な僕」として生きた「福音の宣教者」以外の仕方で理解し尊敬すべきではない、と指摘しました。とくにルターが聖書の権威を優先させ、人間の業績ではなく神の恵み《のみ》による救いを説いたことに注目しています（「バルト「ルター祭」一九三三年）。

2　ルターの《塔の体験》

　こうした福音主義的な回心へ導かれた苦闘の歩みについて、ルター自身、卓上談話や講義の中でも度々触れています。しかし、もっとも印象的なのは一五四五年末に出版されたラテン語版全集第一巻の序文に記した文章です。それは、ルターが亡くなる前年のことで、いわば彼の著作全体を理解する鍵ともなる回想の文章です。

　若きルターは、当時すでに神学教授として、エアフルトの修道院からヴィッテンベルクに移っていました。一五一三年に始めた詩編講義の準備の中から、「ローマの信徒への手紙」における《神の義》の考察へと進んでいきました。しかし、「神の義はその福音の中に啓示される」（一・一七）という聖句に深く傷つけられ、躓《つまず》きを覚えさせられていました。この「神の義」という言葉を、彼は、学者たちのこれまでの慣用的な解釈に従って「形相的あるいは能動的な義」と理解していたからです。すなわち、「義なる神」の属性としての正義が「律法」のみでなく「福音」を通してさえも、哀れな罪人の上に厳しい審判として示されるもののように思えたのです。

　昼夜をわかたず苦しい思索をつづけるうちに、神の憐れみによって「神の義はその福音の中に啓示される」と「信仰によって義人は生きる」という二つの聖句の関連が明らかにされました。それは、神の救いの「福音」を意味することが理解できたのです。すなわち、「神の義」を神の賜物として受け入れるとき、それによって神の恵みの中に生きることができるようにされるというのです。「いまや私は、あたかも新たに生まれたかのごとく、開かれた門を通って天国に入ったかのごとくに感じた」とルターは言い切っています。

こうした新しい信仰の発見が生じたのは、おそらく当時、彼が書斎として用いていた修道院の塔の中だったと思われます。彼は、ヴィッテンベルクにやって来た一五一一年以来、そこに居住していました。この出来事にちなんで、それ以後、この発見はルターの《塔の体験》と呼ばれるようになりました。

3　《塔の体験》から《キリスト者の自由》へ

ルターは、回顧の文章では、聖書解釈の新しい発見の体験を印象深いドラマのように物語っています。静かに進められた聖書読解への沈潜から生まれた神学的な洞察は、やがて「九十五箇条の論題《テーゼ》」からウォルムス帝国議会での証言へと、世界史を動かす出来事として展開されることになります。宗教改革の運動の始まりです。《塔の体験》として歴史的に伝えられてきたこの一回的な啓示の体験の《伝説》なしには、おそらく宗教改革の運動があれほどの速さで拡大されていくことはありえなかったことでしょう。この神学的な認識をルターは後に《信仰義認論》として定式化したのでした。

この《神の義》は、神が人間の行為を評価し審判する基準なのではなく、罪ある人間をも赦し義と認める神の恵みを表わすものでした。《神の義》の新しい理解によってはじめて、ルターは、若き修道士として始めた神探求の苦しい闘いから《キリスト者の自由》＝神の恵みによる解放と救いを見いだすことができたのです。

じっさい、先にあげたカール・バルトは、ルターが「聖書の言葉」に耳を傾けた「徹底性」を指摘し、そこから生まれる「落ち着いた安定感」、さらにルターが語り行動する際の「快活な喜び」などの持主だったことも言い忘れてはいませんでした。

二一世紀の現状の中で宗教改革五〇〇年を記念するということには、特別の意義があるはずです。それが伝来的なナショナリズムや宗教的原理主義《ファンダメンタリズム》から解放されたものでなければならないことは言うまでもありません。またエキュメニカルな協力が問われる現代においては、多宗教の共存する社会に開かれたものであることを求められています。しかし、その際、《神の恵みのみ》による福音の自由という中心的なメッセージが、けっして曖昧にされてはならないでしょう。《信仰義認論》を現代風に言い直せば、業績達成や成果主義の重圧から私たちを解放してくれる人間理解を教えています。グローバリズムの名の下に格差と差別が横行していますが、しかし私たちは、神の恵みにもとづいて、一人びとり、かけがえのない存在であり、人間として喜びをもち平和に生きる権利をあたえられています。

福音から生まれる《キリスト者の自由》は、私たちが神以外の何ものにも拘束されないゆえに「万物の主」であることを教えてくれます。しかし同時に、周りの隣人たちにも同じ喜びを共に分かちあえるように、互いに仕える責任をもった「万物の僕《しもべ》」でもあることを忘れることは許されないのです。

目次

装丁　桂川　潤

I

宗教改革の原点

――歴史と伝説のあいだ

1　われここに立つ
ウォルムスの信仰告白

1　マルティン・ルターの闘い

宗教改革の《原点》について考えるために、以下においては一五二一年四月のウォルムス帝国議会におけるマルティン・ルターの歴史的証言を素材として取り上げてみたい。

この帝国議会は、宗教改革の歴史において特別に重要な役割を果たした。若き修道士ルターが、そこで「われここに立つ、他はなしあたわず」と叫んだという伝説は、あまりにも有名である。彼はウォルムスの英雄として仰がれ、彼の名声は、いわばモニュメント的に確立されてきたといってよい。じっさい、ウォルムスの町の真ん中には、それを目に見える形で鋳造した有名な宗教改革記念碑（一八六八年、エルンスト・リーチェル作）が立っている（**図1**）。

この記念碑の土台の四隅には、一三世紀から一五世紀にかけてヨーロッパ諸国にあらわれた代表的な改革者の群像がおかれている。南フランスのヴァルドー、イングランドのウィクリフ、ボ

1　宗教改革記念碑
エルンスト・リーチェル（1868 年）

ヘミアのヤン・フス、イタリアのドミニコ会修道士サヴォナローラの四人である。これらの人びとは、みずから正当と信じた信仰の真理にもとづいて、当時の腐敗したカトリック教会にたいして生命を賭して抗議したのだ。じじつ、このうちフスとサヴォナローラは、焚殺の刑に処せられた。他の二人は、幸いにも同じ運命から逃れることができた。とはいえ、四人ともローマ教皇庁から破門を宣告された。これは、カトリック教理によれば、教会の交わりと救いから完全に排除されたことを意味していた。

ウォルムスの記念碑では、ルターの像は、これら四人の中世の改革者たちのあいだから一きわ抜きん出て立っている。彼は、福音のための英雄的戦士、宗教改革者そのものとして表現されていると言えるだろう。目を上に向け、手に聖書をもった毅然たる姿には、新時代にはっきり踏みだす決意がみなぎっている。彼の足下の台座には、ドイツ語で「われここに立つ、他はなしあたわず（Hier steh ich, Ich kann nicht anders）」の文字が浮き上がるように刻まれている。それは、あたかも《プロテスタント的》人間——真理のために抗議する人間——の原型であるかのように圧倒的な印象をあたえる。

闘いの開始

このルターの闘いは、周知のように、公的には一五一七年一〇月三一日に彼がヴィッテンベルクの城館付属教会《シュロスキルヒェ》の扉に掲げたとされる有名な九十五箇条の論題《テーゼ》から始まった。実は、この日付をめぐって確実な原史料として残っているのは、ルターが教会の最上司にあたるマインツの大司教アルブレヒトに宛てた手紙のみである。アルブレヒトは、教皇からドイツにおける贖宥券（いわゆる免罪符）販売の許可を受け、それをドミニコ会の説教師テッツェルに委託していた。

ルターの手紙の末尾には「万聖節前夜祭」という日付（＝一〇月三一日）とともに、「マルティヌス・ルター、アウグスティヌス会士、召されたる神学博士」という署名が記されていた。重要なのはアウグスティヌス会への所属よりも「神学博士」という肩書きだった。それは、教会的教理として未決定のあらゆる問題を学問的に論議する権能と義務とをもつことを示すものだったからだ。ルターは、おそらく手紙に彼の九十五箇条の論題《テーゼ》も同封していたにちがいない（U・バルト「宗教的自律性の誕生――マルティン・ルターの贖宥券論題」、A・v・シェリハ＝M・シュレーダー編『プロテスタント原理』所収、一九九八年）。

この論題《テーゼ》の内容は、元来、贖宥券問題を中心として、それに関連する諸問題について公開の神学的討論を呼びかけたものであった。贖宥というのは、人間の犯した罪過にたいして――カトリック教会の解釈によれば――煉獄で償わなければならない刑罰から免除されることを意味していた。祈禱や巡礼、とくに教会への寄進など、特別の悔い改めの行為によって贖宥がえられるものとされていた。そのため中世教会を通して贖宥制度はしだいに発達し、後には教会の主要な財源ともされるにいたったのだ。

ルターにとっては、贖宥は、真の悔い改めをともなうときにのみ価値があるものだった。それは、人びとを教会による処罰から解放することはできても、罪から解放するものではありえない。罪の赦しは、真の悔い改めを示した者にたいして神のみがあたえうるものなのだから。

しかし、民衆意識においては、贖宥券は、自分自身や肉親たちにとって――現に生きている者も、すでに死んでいる者も――天国に入るための確実な手段とみなされていた。当時、教皇庁は、サンピエトロ教会の建築のため莫大な資金を必要としていたこともあり、こうした民衆信仰を助長することをやめようとはしなかった。先にみたウィクリフからフスを経てルターにいたるまで、教会改革の運動は、まさにこの贖宥制度をめぐって火がついたのであった。

しかし、当時のヨーロッパの状況を見渡すと、ドイツ固有の事情が横たわっていた。すなわち、近代国家としての統一が進みつつあったイングランドやフランスでは、地域の教会のあいだに自立への動き（アングリカニズムやガリカニズム）が強くなりつつあった。こうした中で、ひとりドイツのみは領邦分立の体制のため、神聖ローマ帝国の唯一の遺産として教皇庁の直接支配下に残され、その収奪を一身に引き受けねばならなかった。いわば中世社会の最底辺におかれて重圧にあえいでいたドイツにおいて、中世社会の中心的教義に抗議する決定的な改革運動が、はじめて現実化したのである。それは、歴史的にみて、けっして偶然ではなかったと言わねばならない。

じじつ、九十五箇条の論題《テーゼ》において、ルターは、贖宥券販売の行き過ぎを批判したのみではなく、まさに贖宥制度そのものにたいして原理的な問題提起をしたのであった。もっとも、ラテン語で書かれた九十五条の論題《テーゼ》の形式や語調は、本来、教会の分裂を求めるような激烈な政治的抗議ではなく、あくまでも学問的な討議を意図したものであった。

闘いの展開

しかし、それは、いち早くドイツ語に翻訳され――当時の年代記の表現によれば、「天使自身が使い走りであったかのように」――ほとんど二週間のうちにドイツ中に行き渡ったと言われている。社会的不満の堆積に点火された改革の炎は、全ドイツを覆いつくし、さらに、その大きな波紋は西欧から北欧へと、全ヨーロッパを包むにいたった。

九十五箇条の論題《テーゼ》の提出が引き起こした反響は、ルター自身をも驚かせたほどであった。やがてアウクスブルクにおける教皇使節カエタヌスによる審問（一五一八年）、ライプツィヒにおける神学教授ヨーハン・マイアー・フォン・エックとの討論（一五一九年）などを経て、ルターの宗教改革運動は、しだいにのっぴきならない様相を呈しはじめた。

一五二〇年六月には威嚇の教皇教書が発せられるにいたった。それは、教会法の規定によれば、六〇日以内に自説を撤回することを求める《愛の警告》と呼ばれるものであった。もしもこの期間内に撤回に応じなければ、ルターは破門され、ローマに引き渡されることになるのだった。破門された者に保護を与えれば、秘跡授受の停止という教会的処罰が課せられることが規定されていた。

しかし、ルターには撤回する意思はまったくなかった。一五二〇年一二月のある朝、ヴィッテンベルクの市門の前で、彼は、同僚の教授や学生たちにとり囲まれて、まず、教会法典に火をつけ、それが炎をあげて燃え始めると、彼は、この教皇教書を火の中に投じた。「汝は神の真理を妨害したゆえに、不滅の火によって灰燼に帰するがよい」と言いながら。ルターの理解に従えば、《律法》（教会法典もまたこれに入る）にもとづく人間の《業績》（贖宥状を購入することもこれに入る）を要求する者は、《福音》への途を妨げ、信仰の自由に敵対する者なのだ！

後に定式化されることになる信仰による義認の新しい解釈とキリスト者の自由の証言は、この新しい闘いに通じていた。教皇の威嚇教書にもかかわらず、ルターがなぜ自説の撤回に応じなかったのか、いな、それを拒否せざるをえなかったのか。それは、一五二一年の初頭に皇帝カール五世が招集したウォルムス帝国議会においてはじめて公的に明示された。

このとき皇帝は、あらかじめルターに通行の安全を保証した召喚状をあたえた。ルターは、ウォルムスで何が待っているかを知らなかった。多くの人びとは、ルターに警告して、ヤン・フスの運命をたどるかもしれないと指摘した。しかし、ルターは、召喚状からは自説の撤回をあらかじめ求められていないことにのみ注目した。

こうしてルターは、四月二日にヴィッテンベルクからウォルムスの町に向けて出発する。ルターの領主だったザクセン選帝侯フリードリヒからも、ウォルムスで彼を守り通すことはできない、と警告してきた。しかし、ルターは、この旅を中止する意思をもってはいなかった。「たとえウォルムスの屋根瓦ほど多くの悪魔がいようとも、私は乗り込んで行こう」。

2　ウォルムス帝国議会で

第一日目の審問

一五二一年四月一七日、午後四時にルターは伝令官と式部官とに伴われて帝国議会に出頭した。ウォルムスの町中の人びとがルターを一目見ようと殺到した。ルターが通るという噂が流れた町角には群衆がつめかけて、その押し合いへし合いのため危険なほどになった。そのため、伝令官たちは、ルターを回り道させて、帝国議会の開かれるはずの大司教宮殿に導き入れねばならなかった。しかし、それさえも人目につかないわけにはいかなかった。ルターを追いかけた群衆は宮殿に押し入ろうとして、衛兵たちは、それを力づくで排除しなければならない始末だった。しかし、人びとは、ルターに向かって「頑張れ」と呼びかけるのをやめなかった。

ルターが案内されたのは、まことに堂々たる会議であった。皇帝や六名の選帝侯、たくさんの諸侯や帝国都市の代表者たちが集まっていた。ルターは、これらの人びとに面と向かい合うことになった。むろん、彼らの中には、教皇庁の使者をはじめ、少なくない敵がふくまれていた。

教会史家ローランド・ベイントンのルター伝『われここに立つ』（青山・岸共訳、聖文舎）は、この場面を、たいへん劇的に描写している。

「ここにカール、すなわち、歴代のカトリック君主の世継ぎであり、ハプスブルク家の子孫、オーストリア、ブルグント、ネーデルラント、スペイン、ナポリの君主、シャルルマーニュ大帝を除いて誰よりも広大な領土を支配している神聖ローマ皇帝、中世的統一の象徴がいた。そしてまた、ここには、彼の前に、神の言葉にたいする自分の信仰のほか、何も自分を支えるもののない一介の修道士、鉱夫の息子がいた」。

ルターが最初に耳にしたのは、帝国式部官フォン・パッペンハイムの発言だった。すなわち、ルターは質問されたことにだけ答えなければならない、と言い渡される。

一つのベンチの上に、およそ三〇冊ばかりの彼の本が積み上げられていた。ルターは、自分の著作がそんなに網羅的に集められていたことに内心驚いていた。彼は、この積み重ねられた書籍に向かい合わされて、審問官ヨーハン・フォン・エックから二つの質問を――まずラテン語で、ついでドイツ語で――提出される。（ちなみに、このエックはトリーアの大司教総代理を務めた人物で、ライプツィヒ論争の相手となったエックとは別人である）。

まず第一の質問。ルターの名前のもとに出版されたこれらの書物を自分のものとして承認するかどうか。

第二の質問。それを認めるなら、それらをすべて自分の主張として守ろうとするか、それとも一部を否認する気があるのか（J・ロッゲ編『ウォルムスのルター資料集』一九七一年）。

ルターが答えようとする前に、ルターにつけられた弁護人（ザンクト・ガレンのヒエロニムス・シュルフ）が叫んだ、「書名を読み上げてもらいたい」。読み上げられたあとで、ルターは――ドイツ語とラテン語で――つぎのように答えた。読み上げられたそれらの書物は、みな自分のものであることを一冊たりとも否定しない、と。

しかし、これらすべての著書を等しなみに主張するのかという第二の質問については、それが信仰と救いの問題、神の言葉の問題に関わることであり――天上においても地上においても、それ以上に重大な問題はないので――十分に考えた上でないと回答するのはまことに危険なことだと思う、この問題と真理とのために言い足りなくても言い過ぎることがあってもならない。「だから神の言葉を損なうことなしに、また私の魂を危険におとすことなしに、質問に正しく答えるために、謹んで皇帝陛下にお願いしたい、考えるための時間の猶予をいただきたい」と。

ルターがなぜ即座に答えなかったのか、さまざまの解釈がなされている。撤回しないだろうということは、彼にとって確実なことであった。彼は、けっして動揺を来たしたわけではない。むしろ、単純な《然り》と《否》との回答に限定されないで、いっそう詳しく自分の論旨を展開するチャンスを狙っていたのではないか、とも見られている。

並み居る人びとは耳をそばだてていた。皇帝自身はドイツ語をほとんどまったく理解できなかったし、ラテン語もあまりできなかったという。したがって、ルターの発言はすべて、皇帝の母国語であるフランス語に通訳させせなければならなかった。

このルターの発言によって審問官は、不意打ちをくわされた恰好になった。この要求にたいして諸侯たちは話し合いのすえ、それを認めることになり、エックはこう回答した。

「マルティンよ、君は皇帝の召喚状から何のため呼ばれてきたのか十分にみてとることができたはずだ。だから、長い猶予の時間は与えられない。しかし、生来の寛大さから、皇帝は、一日間だけ猶予の時間を与えて下さる。明日、同じ時刻にここに出頭するように。ただし、君の回答は文書によってではなく、口頭でなされなければならない」。

この第一日目におけるルターの様子は、ややおどおどしていたようにみえたと言われている。当時、帝国都市フランクフルトの使節の記した報告によれば、ルターの声は傍にいてもほとんど聞きとれないくらい低い声で、「あたかも彼が驚愕しているかのようだった」と伝えられている。皇帝カール五世はこう言ったという。「この男は私を異端者にすることはできないだろう」と。教皇使節アレアンダーは、嘲笑的な喜びに満ちてローマに報じている。ともかくルターは、これまでもっていた威信を失ってしまったのだ、と。

この当初にルターの示した内気な態度は、人間的には、よく理解できるものだ。それは、こうした重大な会議に出頭させられて覚えざるをえなかった当惑であり、またおそらくは修道士としての謙遜さでもあっただろう。しかし、こうした印象は、すでに翌日には、まったく消え失せていた。二日目の彼の答えは、これ以上望みえない明確さと決意とに満ちたものに変わっていたのだから。ともかく、敵たちが考えていたように、ルターがいまや動揺しはじめ、自分の主張を否認するだろう、という期待は誤っていたのだ。

すでに、この同じ第一日目の晩に、宿舎に帰ったルターは、ウィーンの友に宛てた手紙にこう記していた。「キリストが私に恵み深くありたもうなら、私は、ほんの一部分すら否認することはないだろう」と。見逃してはならないのは、ルターの付け加えた次の条件、すなわち「キリストが私に恵み深くありたもうなら」という言葉である。極度の緊張感の中で自分自身の力を頼りにするのではなく、また自分の人間的な知恵才覚によりすがるのでもない。キリストが自分の傍に立ち、福音の真理のため導いて下さるだろうという信頼と希望——その基盤に立ってはじめて、ルターは、求められている答えを与えることが可能となったのだった。

第二日目の審問

第二日目。四月一八日午後四時に、ルターは、ふたたび帝国議会に出頭した。しかし、彼は、他の議題が処理されるまで二時間、控え室で待たされた。審問は、今回は大広間で行なわれることになった。多くの人びとがつめかけ、諸侯たちの中には座席に着けない者も出たほどであった。ルターが大広間に入って来たとき、すでに辺りは暗くなり、かがり火に灯がともされていた。

「お前の書物をすべて守るか、それとも一部は否認するのか」。審問官は、まずラテン語で、ついでドイツ語でルターにこう尋ねた。しかし、ラテン語の口調の方がドイツ語の問いかけより、いっそう激しい調子のものであった。

これにたいして、ルターは、当初、まずドイツ語で答え、さらに求めに応じてラテン語でも語っている。しかし、あとの第二ラウンドの議論でも、同じように二つの言語が併用されたか否かは、はっきりしていないようだ。おそらくラテン語による応酬がなされたのではないかと見られている。ルター発言の有名な結尾の言葉を除いて（R・ヴォールファイル「ヴォルムス帝国議会」、F・ロイター編『一五二一年のヴォルムス帝国議会』所収、一九八一年）。

この日、ルターは、昨日とはまったく一変した態度を示した。すべての内気さや当惑は、彼からすっかり消え失せていた。いっさいの恐れなしに、高らかな声で、しかし謙虚な飾らない態度で、ルターは、差し向けられた問いに、よく考えぬかれた言葉で答えた。

ルターは、自分の著書を三種類に区別して論じた。第一に、信仰や生活について論じた著書は、「敵といえども有益なことを認めざるをえない」ものであり、撤回することはできない。第二に、教皇制の誤りについて反駁した著書は、それを否認すれば「専制に新しい力をあたえ、いっそう大きな不信仰に門戸を開くことになる」ので撤回できない。しかし、第三に、個々の論敵を批判した著書については、修道士としての「信仰と職業からすれば尖鋭すぎる」言い回しがあったことを「告白」している。しかし、事柄そのものでは一歩も譲歩しようとはしなかった。こうして彼は、三度にわたって撤回することを、はっきり拒否したのであった。

しかし、ルターは、さらに一歩を進めて聖書の権威に言及している。ヨハネによる福音書の記事（一八・一九―二三）を引き合いに出して、自分の主張に誤りがあれば、聖書にもとづいて証明してほしい、と述べている。

「みずから誤ることがないことを知っておられた主御自身でさえ御自分の教えに反対する証言をいやしい下役から聞くことを拒まれませんでした。それならなおさら、どこまでも誤りを犯しやすい人間の屑のような私は、誰かが私の教えに反対する証しを立ててくださるように願わなければなりません。……私の誤っていることを預言者と福音書とによって証明してください」。それを「教えられたならば、私は、喜んでいっさいの誤りを取り消し、まっさきに自分の書物を火に投じましょう」。

このように答えたルターは、さらにラテン語でもくり返すことを求められた。

この日は大広間だったにもかかわらず、大勢の人びとがつめかけたため、ルターは、もみくちゃにされて、ほとんど立っている諸侯たちのあいだに押しつけられて発言しているかのような具合だった。そのため、とても暑くなっていた。それを認めたルターに同情的な選帝侯の顧問官は、ルターにこう呼びかけた。「くり返すことができなければ、十分ですよ、ルター博士」と。しかし、ルターは命じられた通り、すでに一度語ったところを今度は教養ある人びとの言葉でくり返した。

この間に諸侯のあいだでは、ルターの発言によって動揺が拡がり始めていた。彼らは、そこから、たしかに《否》のみでなく、条件づきの《然り》も聞きとったからだった。彼らは集まって特別の審議をすることになった。神学的な討論を許すことは問題にならないとしても、審問に決着をつけないわけにはいかなかったのだから。

こうしてルターから一義的な《然り》あるいは《否》の回答を引き出すように審問官エックに委託があたえられた。ルターにたいする審問が再開された。エックは、ルターの確固たる態度を覆そうと、叱りつけるような調子で長い演説を行なった。

この時の様子を報じた『記録』によれば、審問官は「私（＝ルター）が問題に答えていないこと、また、これまですでに公会議で〔誤りとして〕断罪され、決着した事柄を〔改めて〕論ずるのは適当ではない、と言い、それゆえ、私（＝ルター）から、私が否認するか否かを単純・率直に返答することを要求した」という。この記録の文章で「私」とあるのはルター自身のことを意味している。多くの証言から構成された『記録』のこうした発言がルター自身の証言に由来していることを示している。

ルターは、いまや、はっきり言明しなければならない。いわく、

「皇帝陛下や諸侯方が簡単な答えを求めておられるのですから、私は、端的にお答えしましょう。私は聖書の証しによって、あるいは明瞭な理性の根拠によって納得させられるのでなければ――というのは、教皇や公会議もまた、しばしば誤りかつ自己矛盾に陥ったことは確かですから、私は、それらのみを信ずるわけにはいかないのです――私は私の引用した聖書の御言葉によって支配されています。私の良心が神の言葉によって捉えられているかぎり、私は何ものをも取り消すことはできないし、また取り消そうとも思いません。なぜなら、良心に反して行動することは危険であり、また当をえたものでもないからです」。

ルターの高ぶった思いは、このとき突如、彼にドイツ語でこうつけ加えさせたのだった。

「神よ助けたまえ、アーメン」。

3　一人対千年の教会史

われここに立つ

ヴィッテンベルクに伝わる古記録には、ここに次のような傍点で示した言葉がつけ加えられている。

「われここに立つ、他はなしあたわず。神よ、助けたまえ、アーメン」。

これは、おそらく目撃証人の証言ではないのかもしれない。なぜなら、多くの証言は、「神よ、助けたまえ、アーメン」という短い言葉だけしか伝えていないのだから。おそらく歴史的な事実としては、こちらの方が正しいのかもしれない。「われここに立つ」という付言は、事実をいっそう興味深く印象づけるためのセンセーショナルな効果を狙った《伝説》だろうとみなされがちである。

しかし、伝記作者ベイントンは、さらに一歩踏み込んで、この古記録の真実性に余地を残している。すなわち、「われここに立つ、他はなしあたわず」という言葉は、「その場で記録されたものではないけれども、やはり真実であるかもしれない。なぜなら、聞いていた人たちは、その瞬間に、あまりにも心を打たれたので書けなかったかもしれないからである」と。さらに教会史家アードルフ・ハウスラートは、こう言っている。ルターが「われここに立つ」と言ったか言わなかったかは問題ではない。重要なのは、ルターがそこに立っていたことだ、と（『ルターの生涯』第一巻、一九〇五年）。これは、まことに正当な指摘であろう。

ちなみに、ルターが好んで自分を「立つ」者として表現したという事実は、この有名な言葉が実際に語られた蓋然性を高めるものであろう。たとえば、ウォルムスでの出来事を回顧したルター自身の『卓上語録』によれば、再審問に際して、辺境伯ブランデンブルクのヨアヒムがルターにこう問いかけたという。「ルター博士、私があなたを正しく理解しているとすれば、あなたは聖書を捨てようとはしないのですね」。これにたいしてルターは答えた。「その通りです。私は、その上に立っているのです」と。

ルターの最後の言葉につづけて、審問官は、彼に向かって呼びかける。「マルティンよ、あなたの良心は誤っているのだから、それを捨てなさい。公会議が誤ったことがあるなど、あなたはけっして証明することはできないだろう。少なくとも、信仰の問題に関するかぎり……」。ルターはただちに反論しようとする。それは証明することができるし、証明したい、と。

このとき皇帝は、審問の中止を命じた。それまで低い声でささやくような同時通訳に助けられて事態を追ってきた彼は、もはや聞く耳をもたなかったのだ。

審問を終えて皇帝の前から退出していこうとするルターの後ろには、カール五世に仕えるスペイン人たちが嘲笑を浴びせながらついて来た。「この男を火炙りにしろ！」。

大広間を出ながら、ルターは、両腕を上にあげたと伝えられている。これは、ドイツ人が競技で勝利を収めた際によくやってみせる慣習だった。スペイン側の記録の一つがそれを伝えているところからすると、これは事実だったかもしれない。

ルターのウォルムスの宿には、すでにたくさんの友人たちや好奇心に満ちた人びとが待ちうけていた。帰ってきたとき、ここでもルターは、両手を高くあげて、喜びの表情で叫んだ。「やり通したぞ！　やり通したぞ！（Ich bin hindurch! Ich bin hindurch!）」。じっさい、ルターが帝国議会に出頭するに際しては、彼の心を圧する多くの事柄があったはずである。にもかかわらず、ルターがその信仰告白を行なったとき、彼の発言は、けっして言いすぎることも言い足りぬこともなく、すべてそのところを得たものとなっていた。

ルターだけでなく、福音主義に立つすべての仲間が喜びの大きな吐息をついたのであった。ザクセン選帝侯はこう語っている。「マルティン博士は、皇帝やすべての諸侯たちの前でよく発言してくれた。〔しかし、〕私には、彼は、あまりにも大胆すぎるようにみえたほどだった」と。ルターが大司教の宮殿を出る前に、一杯のビールをすすめてくれた諸侯もいた。高貴の身分の者でルターを訪ねてきたものも多かった。この時、少なからぬ人びとが宗教改革的な信仰を自分のものとして受け入れるように最初の衝撃を与えられたのだ。

皇帝の信仰告白

さて、このルターの返答にたいして、その翌四月一九日に、若い皇帝カール五世は、選帝侯や諸侯たちを呼び集めて、ルターの処分について意見を徴した。議論が始まり、諸侯たちは検討するための時間の猶予を求めた。「よろしい、それなら、まず、私が自分の考えを諸君に告げよう」——皇帝は、驚く人びとに向かってフランス語で書かれた演説草稿をドイツ語で読み上げさせた。それは、秘書官の作った作文ではなく、彼が自分の手で書いたものであった。この異例の文章は、いわば彼自身の信仰告白にほかならなかったのだ。

この中で、カール五世は、カトリック教会の忠実な子として、また先祖たちの伝統にならって、いっさいの異端にたいしてカトリック信仰を擁護しよう、と宣言している。ルターが《プロテスタント》としての真理概念を宣言したとすれば、ここでは、カールが、いまや伝統的なカトリック的真理概念を貫徹しようとしているのである。

「私は、この貴いドイツ国民の歴代のキリスト者の皇帝たちと、スペインの歴代のカトリックの国王たちと、オーストリアの大公たち、ブルグントの領主たちから、血筋を引いている。彼らはみな、死ぬまでローマの教会に忠実であったし、カトリックの信仰、その聖なる儀式、教会法令、聖なる慣習を、神の栄誉と信仰の拡大と霊魂の救済とのために擁護してきた。この理由から、私は、以上の私の先祖たちと私とがこのときまで保護してきたすべてのものを保持しようと固く決心した。なぜなら、たった一人の修道士がキリスト教界全体の意見に反対するなら、彼の方が誤っているにちがいないからである。彼の意見によれば、キリスト教界全体は、千年以上も、また現在も、誤りを犯していたことにならざるをえないであろう」。

皇帝は、帝国議会に向かって、直接に個人的に語りかけているのだ。それは、一見したところ独白のようにみえる。しかし、そこには皇帝とその先祖たちとのあいだに秘かな対話がかわされているのである。さらに皇帝は、政治的・宗教的に一体だと信じる諸侯たちに宗教問題について帝国にたいする責任を訴えようとしていることがわかる。

「死ぬまで」という言葉は、たんに時間的なカテゴリーであるだけでなく、むしろ、全面的な献身の表現でもある。それは、当時まだ忘却されていなかった十字軍的敬虔に一致するものでもある。「聖なる儀礼、教会法令、聖なる慣習」にたいする忠誠の言葉は、ルターの改革文書（とくに『教会のバビロン捕囚について』）や行動（とくに教皇勅書の焼却）にたいする皇帝の間接的な回答でもあった。

「それだから私は、私の領土・私の友人たち・私のからだ・私の血・私の生命・私の霊魂をかける決心をしている。私だけではない、この貴いドイツ国民の諸君も、もしもわれわれの怠慢によって、異端ばかりか、異端の嫌疑そのものまで、存続するとしたならば、永遠に名をけがすことであろう。昨日ルターの強情な抗弁を聞いてから、私は彼と彼の誤った教義とにたいする処分を今まで延期していたことを後悔している。私は、もうこれ以上彼に関わりたくない。彼は通行保証を受けて帰るがよい。だが、説教したり、いかなる騒ぎを起こしたりしてもならない。私は、彼を隠れもない異端者として訴え、諸君が私に約束したとおりに自己の意見を公にすることを、諸君に求める」。

この文章の末尾には、皇帝カール（＝カルロス）の署名とともに、彼が「みずからの手で記した」ことが書き添えられていた。この末尾の注釈は、彼の信仰告白の自主性を強調するとともに帝国議会がこの事実に注目することを促すものであろう。

すべての会議記録が一致して、この「みずからの手で」という言葉を記載している。そのことは、それがいかに異例の事実として印象深く受けとめられたかということを証明している。じっさい、皇帝付秘書の一人は「皇帝は何ぴとにも相談することなしに、執筆した」と証言している。一般に支配者は公の舞台に登場する際には、荘重な儀礼的効果を保つため沈黙しているのが普通である。こうした配慮がすべてかなぐり捨てられていたところに、事柄の重大性が示されていると言えるだろう（H・ヴォルター「皇帝の信仰告白」ロータ―編、前掲書、所収）。

権力と良心

カール五世の信仰告白にあった《一人対全キリスト教界》《一人対千年の教会史》という図式

は、まことに印象的である。ここでは、たった一人のキリスト者が教皇と皇帝との全権力に反対して、千年にわたる教会史的伝統に反対して、あえて抗議しているのである。彼にとって、頼るべき根拠としては、自分に正当と思える聖書の権威以外には何もなかったのだ。

先ほどの「われここに立つ、他はなしあたわず」という言葉は、ウォルムス議会での歴史的記録のあるなしにかかわらず、いっそう深い意味で、ルターの証言の歴史的《真実》を告げているのではなかろうか。「ここ」というのは、帝国議会の議場の床のことではないだろう。それは、皇帝の権力にも教皇の権威にも左右されない《良心》という法廷を意味している。

注意しなければならないのは、ルターが根拠としたのは、けっして人間の《絶対的》良心とか、あるいは、それに応ずる決断の自由とかいった、いわば裸のままの《良心》それ自体ではないことである。ルターは、神の言葉という自分を超越した権威に結びつけられた良心に立つのである。それは、福音への信仰において自己自身からも解放された真の自由をもつ。それゆえに、ただ一人で万人に抗し、時代の精神に抗して、固く立つことができた。

歴史家は、これまで一六世紀を宗教改革の時代といい、ウォルムスの事件を中世から近世への転換点として位置づけることが多かった。それがしばしば、ルネサンスと並んで、教会的権威にたいして《人間の自律》《個性の発見》の画期をなすものとされてきたのは偶然ではない。しかし、このように自分を越えた、いわば普遍的な価値＝原理と結びつくことによってはじめて真に何ものにもたじろがない《個》の確立が可能となることを見逃してはならないだろう。安易な個人主義との同一化は慎まねばならない。

ルターは、自分の書いてきた主張の誤りを認めなかっただけでなく、公会議の不可謬性をも認めなかった。このことは、当時の考え方によれば、ルターに好意的な人びとの目から見ても、驚くべきことであった。なぜなら、それによってルターは、それまで人びとが頼みとしてきた最高の法廷をも非難したことになったのだから。この最高法廷＝公会議の決定をもはや承認しない者は、自己を現存の教会法秩序の外におくことになる。ここではもはや、人間的には、いっさいの退路が断たれてしまったと言うべきであろう。

皇帝は、ルターにたいする《帝国外追放》宣告がただちに起草されることを望んでいた。しかし、この日午後にもたれた諸侯たちの会合では、多数派は皇帝の意見に賛成だったが、一部の異論、とくに選帝侯フリードリヒなどの反対のため――彼はルターが《あまりに大胆すぎる》と感じていたのだが――全会一致の決定にはいたらなかった。その後、委員会がつくられ調停の動きも出てきた。しかし、コンスタンツ公会議によるヤン・フスの断罪をルターが最後まで認めなかったために、妥協は成立しなかった。

やがて遡って五月八日の日付をもつウォルムス勅令が五月二六日に皇帝の署名をえて公布された。ルターは《帝国外追放》に処せられた。二五日間の通行安全保証期間が経過したのちには、ルターはいっさいの法的保護を失い、彼に宿所や食糧を提供することは禁止され、彼を捕らえた者は誰でも引き渡すことを義務づけられた。勅令はさらに、ルターの著作の印刷と購読とを禁じ、彼の同調者を追及することも規定していた。ウォルムス勅令が出されて四日後には、すでにルターの書物はウォルムスで火に投じられた。

ルターは、ウォルムス帝国議会で断固として皇帝の意向を退けたあと、四月二六日にはヴィッテンベルクに向かう帰途についていた。彼は、五月四日に選帝侯フリードリヒのはからいによって、アルテンシュタイン郊外の森の中で誘拐の形をとって、ひそかにヴァルトブルクの古城にかくまわれた。

この古城に隠れていたあいだに、ルターが短期間に新約聖書全巻をドイツ語に翻訳したことは、よく知られている。それまでラテン語訳聖書の形で聖職者の手にいわば独占されていた聖書の言葉が、いまや直接にドイツ民衆自身の手に渡されることになったのである。しかも、当時グーテンベルクによって発明された印刷技術を通して、大量に増刷されることも可能となっていた。こうした事実が宗教改革の迅速な展開に大きく貢献したことは言うまでもない。

4　プロテスタンティズムの成立

プロテスタティオン

《プロテスタント》という名称が一五二九年のシュパイアにおける福音主義派の諸侯や帝国都市による《プロテスタティオン》から由来することは、よく知られている。この抗議の公表こそ、《プロテスタンティズムの誕生の時》にほかならなかった（H・ボルンカム『宗教改革の世紀』一九六一年）。

この時点までに、宗教改革の運動は、ドイツ全土において、さらにそれを越えて、かなり広範な拡がりをみせていた。その三年まえ、一五二六年に開かれた第一回シュパイア帝国議会では、福音派は、ウォルムス勅令を事実上しばらく停止する妥協案を貫くことに成功した。この議会は、予告された教会会議が開かれるまで、「勅令に関する事項において、それぞれが、神と皇帝とにたいして望み、責任をとりうるように生活し、統治し、行動すべきである」ことを全会一致で決議した。この定式は、それに続く歳月にとってきわめて重要な意味をもっていた。それは、福音主義的志向をいだく諸侯や帝国都市に教会改革のための法的根拠をあたえたのだから。

一五二九年に第二回シュパイア帝国議会を召集したカール五世の弟フェルディナントは、ドイツにおける皇帝代理として、一五二六年の議会決議を廃棄しようとした。この帝国議会で、あきらかに少数派である福音主義諸侯たちは、ちょうど一五二一年のウォルムス帝国議会におけるルターの立場に立たされることになった。むろん、この場合には、ルターのように審問されたわけではなかったし、撤回が求められたのでもなかった。彼らの立場は、さしあたり、さきの議会決議によって法的には保証されてはいた。しかし、いまや敵意をもつ圧倒的多数の意志によって、この保証が奪われようとしたのである。

新しい多数決は、宗教改革の運動を停止させ後退させ、ついには解消させることを意図していた。彼らの出処進退には、ドイツの、さらには全ヨーロッパの福音主義的信仰の死活がかかっていた。ここでは、もはやローマ教皇庁にたいする抗議が問題なのではない。むしろ、ドイツ帝国の統一と平和とが賭けられており、戦争の危険は目前に迫っていた。福音主義的少数派のあいだでも、意見は分かれざるをえなかった。

最後までもちこたえたのは、ヘッセン、ザクセン以下五人の領邦諸侯とシュトラースブルク、ニュルンベルク以下一四の帝国都市の代表であった。彼らは、さきに全会一致で承認された一五二六年の議会決議が廃棄されることに抗議し、新しい多数決を認めず、それを無効とみなすことを宣言した。彼らは、その拒絶を次のような理由をあげて根拠づけた。

「神の栄誉とわれわれの魂の救いと浄福とに関わる事項においては、われわれは、それぞれが神の御前に立ち、責任を負わなければならない。ここでは、何ぴとも、少数派あるいは多数派の決定を引きあいに出して、責任を回避することはできない」。

ここには、ほぼ全面的にルターの精神に負うていることが示されている。この根拠づけによって、プロテスタティオンは、あきらかに信仰告白の性格を帯びてくる。このプロテストとともにプロテスタンティズムが誕生した、と言ってよい。

シュパイアにおいて活躍したのは聖職者や神学者たちではなく、第一に一般信徒たち、つまり、諸侯や市参事会員、政治家や法律家たちであった。第一級の宗教問題は、もっぱら法律と政治の問題として処理されなければならなかった。しかしここでも、ルターの場合、あるいはルター以前の改革者たちの場合と同じく、福音と抗議とは密接に結びついていた。プロテスタティオンは、「われわれの良心のゆえに、……聖なる神の御言葉によって、われわれの主なる神に義務と責任とを負う」ことを、はっきりうたっていた。彼らもまた「われわれはここに立つ、他はなしあたわず」というギリギリの地点に立っていたことがわかる。

じっさい、彼らの抗議は、何ら将来の予測に立つ戦術的計算から出たものではなかった。それは、信仰的原理にたいする断固たる決意から生まれた。とはいえ、それは、プロテストを主義とする傲慢な行動ではない。むしろ、政治的な退路を断たれた極限状況におけるギリギリの反撃にほかならなかった。なるほど、この抗議を補うものとして、なお皇帝と将来の自由な教会会議への訴えという法的手段が残されてはいた。とはいえ、彼らは、それに多くの希望をつなぐことはできなかった。このプロテスタティオンを支える不動の基盤は、神の御言葉に結びつけられた良心の権威のほかにはない。そこに、消極的な拒否の響きをもつ抗議が積極的な信仰告白たりえた最大の理由があったといえよう。じじつ、このシュパイアのプロテスタティオンからは、確実に一五三〇年のアウクスブルク信仰告白への道が通じていた。

他方では、シュパイアのプロテスタティオンは、再洗礼派にたいする多数派による弾圧を支持することを表明している。それは、ユスティニアヌス法典以来の伝統的理解を踏襲するものであった。すなわち、再洗礼を行なっていたドナティストなどは、ローマ帝国の平和と一体性を害する異端者として厳罰に処されていたのである。このプロテスタティオンの射程が、原理的にも政治的にも、いかに限定されたものであったかということを見逃してはならない。異端は反乱と結びつけられ、国法違反として追及されてきたのだ。近代的な良心の自由と寛容とを一般的に承認する道は、ここからは、なお長い迂路をたどらねばならなかった（R・ヴォールファイル＝H・J・ゲッツ『近代の条件としての良心の自由――シュパイアのプロテスタティオンへの問い』一九八〇年）。

《プロテスタント》

シュパイアのプロテスタティオンは、「われわれは、ここに神の御前において公的にプロテスト し証しする……」という定式をとっている。このプロテスタティオンの署名者たちは、《プロテスタント》と呼ばれることになった。当初、この名前は、限られた数の諸侯や帝国都市など少数派にたいして用いられたにすぎなかった。それは、宗教改革の反対者たちから、とくにラテン系諸国において軽蔑と嘲笑とをこめて用いられた言葉だった。つまり、抗議と反対をのみ事として、みずからは何ら確固たる支えをもたない人びとという含蓄をもつ《あだ名》だった。じじつ、またドイツ・ルター主義の人びとのあいだでは、プロテスタントという名称は、自己規定の言葉として長いあいだ用いられなかったのである。そこでは、ふつう《福音主義的》という言い方がなされることが多い。しかし、この《プロテスタント》という名前そのものは、まもなく、ネガティヴな含蓄を失い、むしろ、深い確信にもとづく断固とした信仰を告白する態度を意味するものとなった。

じっさい、語源である《プロテスタティオ》というラテン語には、法的異議申し立てとしての抗議と同時に、確信という二重の意味がふくまれている。すなわち、それは、真理にたいする証言の行為であり、同時に、また虚偽にたいする反対と抗議でもある。こうして《プロテスタント》という言葉は、その後、シュパイアのプロテスタティオンや帝国法の根拠などと無関係に、広く西欧、とくにアングロサクソン諸国で流通するにいたった。

一七世紀になると、そこでは、宗教改革から生まれ、カトリシズムにたいする反対において結びついたヨーロッパのすべてのキリスト教会に属するものを、《プロテスタント》と総称するにいたった。まさに、この意味において、イングランド議会は、「キリスト教世界のすべてのプロテスタント教会」(一六二九年)について語ったのである。《プロテスタンティズム》(ミルトン、一六四九年)という抽象概念が鋳造されたのも、同じアングロサクソンの地盤において、同じカトリシズム批判の線上においてであった。疑いもなく、ここには、宗教改革的信仰の構成契機としてのプロテストの精神が、いっそう明瞭にあらわれているといってよいだろう。

《プロテスタント的人間》(W・ダンティーネ)は、みずからを自由な自己責任的人格として理解する。彼は、自己の決断において神の意志に答え、それを実現することにつとめる。信仰においてのみ義とされるプロテスタントは、教会的後見から解放され、自立的主体として生きる。そこでは、神の御言葉にのみ結びついた良心の自由がプロテスタント的人間の本質的標識となる。

もともと、宗教改革のプロテストは、教会制度やその伝統の要求に向けられたものであった。教会は、いわば全体主義的な宗教監督者となる誘惑にたいして、くり返し、《自己批判》として教会の革新を求められている。しかし、この信仰的原理は、同じく世俗的な制度や伝統にも適用されうるであろう。それらもまた、福音から引き出される信仰の洞察にもとづいて批判され、革新されていかなければならないのだから。国家的権威にたいする全面的な信頼や服従の行為は、本来、宗教改革の精神態度とは一致しないであろう。

その意味では、このようなプロテスタント的政治倫理は、その後のルター主義よりもカルヴァン主義においていっそう明瞭になっていった、と言わなければならない。

2　ルター伝説のトポグラフィー

はじめに

二〇〇〇年のイースターの季節に、私は、ルターとバッハのゆかりの場所を一〇日間ばかり駆け足で回る旅行会に加わった。ライプツィヒのトーマス教会でマタイ受難曲を聴くのがメインの目的だったが、バッハを理解するためにはルターの足跡も辿らねばならないというふれこみだった。これまでにも何度か訪ねたところと重なっていたが、私にとっては、それだけ深く心に留めて見学することにもなった。とくに宗教改革の精神につながるルターの原体験について、あらためて考えさせられるところがあった。

マルティン・ルターの姿は、歴史を通して、さまざまな毀誉褒貶の波にさらされてきた。宗教改革をめぐる論争が敵ｰ味方のあいだに互いに対立したルター像を刻んできたことは、よく知られている。ルターの信奉者側が神の使徒、新しい預言者、キリスト教の救済者と呼ぶのにたいして、反対者側からは偽預言者、異端者、キリスト教世界の破壊者とみなされてきた。こうした中で、ルターをめぐって数多くの逸話や伝説が生み出されたのは偶然ではない。ここでは、代表的な二、三の例を取り上げ、《伝説》成立の背景についても短く考えてみよう。

1　シュトッテルンハイムの《電光の一撃》

エアフルト北郊のシュトッテルンハイム。なだらかなシュトルベルクの丘陵のつながる村はずれの道の傍らに、一風変わったルター記念碑が立っている（図1）。宗教改革四〇〇年記念として、一九一七年にエアフルトの富裕な市民の手で建てられたものだという。

1　シュトッテルンハイムのルター記念碑（1917 年）

ぼだい樹にとり囲まれた大きな赤い大理石の盤上には「聖別された大地」という文字が刻まれている。その下には「宗教改革の転換点——天よりの電光の中から、ここで若きルターに道が示された」とある。むろん、その位置そのものは推定にもとづくものだ。さらに碑の側面には、ラテン語で「光はテューリンゲンから」と読むことができる。ナショナリズムの高揚した時代のルター賛歌と言うべきであろう。

父ハンス・ルダー（「ルター」という呼称との違いについては、「あとがき」参照）の希望に従い、エアフルト大学で法律学を学んでいた青年ルターは、約束された市民的立身出世の道を捨て、突如、修道士になることを決意した。あまりにも唐突なこの行動は、これまでも、さまざまの論議と憶測とを生んできた。もっともよく知られてきたのがシュトッテルンハイムにおける《電光の一撃》という物語である。

のちには多くの文学的修飾を交えた伝記的記述も書かれるようになった。雷鳴や電光、恐るべき嵐の襲来、大地に打ち倒されるルター、聖アンナの名による修道士になる誓い……。ルター記念碑が建てられた頃、この地方の特徴を紹介した地誌学的論文も出ている。シュトッテルンハイムの位置する「石地の禿げた丘陵の傍らで南西から吹きおろす雷雨にまきこまれると、その力のほどは並外れて強かったことであろう」と。

伝記文学の類ばかりではない。この《電光の一撃》の場面を、画家たちも競って絵に書いた。その中でも一九世紀に描かれた絵には、電光に打たれて急死した友人の傍らに呆然とたたずむルターの姿を示したものが幾つかある。後になると、この急死した友人はアレクシウスという名前をつけられるようになった。ここには、すでに情報の混線する中で《伝説》が作りだされていく様子がうかがわれる。

《電光の一撃》の重要な証言は、この事件のあと三十数年を経てルターが語った『卓上語録』の中にある。筆録者アントン・ラウターバッハは、一五三九年にこう記している。「七月一六日、聖アレクシウスの日に、彼〔ルター〕は『今日は私がエアフルトの修道院へ入った日だ』と言って修道誓願を立てた物語を語りはじめた」。その一四日前、すなわち、一五〇五年の七月二日にシュトッテルンハイムで彼が体験した《電光の一撃》の物語だった、という。

このとき、ルターは両親の住んでいたマンスフェルトからエアフルトへ帰る途中だった。学期の途中で勉学熱心な学生が帰省するというのは普通ではありえない。それは、法学の学びに懐疑的になったルターの意志によるものだったのか。それとも、「名誉と富をともなう結婚」によって、息子の身を固めさせようと考えていた父ハンスの発意にもとづくものだったのか。確定的なことは知られていない。

ただ、一五二一年にヴァルトブルクの城からルターが父に宛てた手紙によれば、当時、ハンスは、そうした希望をもっていたことがわかる。事件の三十数年後にもなお、ルターが聖アレクシウスの日を正確に口にしたというのは、彼のこころに刻まれた若い日の思い出とつながっていたからだろうか。というのは、聖アレクシウスは、ローマ貴族の子として育ち、婚礼の日に姿を消して苦行者となり生涯を終えた、有名な人物だったのだから。

このルターの手紙には、この事件につながる重要な証言がふくまれている。怒っていた父がようやく冷静になり、親子の話し合いがあったらしい。そのとき、ルターは、自分の行動を「自発的な意志によるものではなく」、「天からの恐ろしい出来事によって召された」こと、「口腹を満たすためではなく、突然に死ぬことへの恐怖と不安とにとりつかれて」修道誓願を「強制」されたことを「確言した」。これにたいして、父は、「願わくは、それがたんなる錯覚やペテンではないことを！」と強く望んだという。この父の懐疑の言葉は、ルターの「肺腑を貫いた」と記されている。この手紙によれば、彼は、さらに父の権威に背き第五戒に反したその誓願が「一文の価値もない」こと、「じっさい、神なきものだった」とさえ認めている。

いわば放言集ともいうべき『卓上語録』の三十数年後の言説よりは、この直筆の手紙の方が、いっそう高い信憑性をもっているのではなかろうか。ここから、フランシスコ会の神学者ラインホルト・ヴァイエンブルクは、一九五六年に大胆な結論を引き出している。すなわち、雷雨の体験はでっち上げられた架空の話で、それによってルターは修道院へ入って後も、父からこれまでもらった学資を返さないですますことができたわけだ、と。

たしかに、この手紙には雷雨や電光の一撃について一言も触れられてはいない。しかし、なお、「天からの恐ろしい出来事」が「確言」されていることは見逃せない。誓願が「神なきものだった」という発言も、全体の文脈から切り離して過大に評価してはならないだろう。この手紙は、もともと修道誓願を否定する論文にたいする序言として書かれたものなのであった。すなわち、ヴァルトブルクでこれらの文章が書かれたのは、すでにウォルムス帝国議会での有名な証言を経て、宗教改革の道筋が明白になった後の時点だった。じじつ、この手紙でも、彼は自分の行動が「結果」としては神の「限りない慈愛と知恵」によるものだった、と認めているのだから。

ただ、手紙の中で、ルターが突然に死ぬことの恐怖に言及している事実は注目に値する。別の『卓上語録』によれば、ルターは、事件の一、二年前にも、帰郷の旅の途中、学生が携えていた剣で自分の足の動脈を傷つけて瀕死の状態になったことがある。連れの友人が医師を呼びに行っていたあいだ、野原の中に独り残されたルターはマリアの助けを祈りつづけていたという。そのほか、当時、法学部の若い研究者がつぎつぎとペストのために急死している。とくに彼の親友ヒエロニムス・ブンツが肋膜炎のため急死したことは、ルターに大きな衝撃をあたえたらしい。後になっても折にふれて、彼は、その友の死について口にしたという。こうした追憶話から、友人ブンツは、いつの間にか《電光の一撃》によるアレキシウスの死という《伝説》にとり代わっていったのではなかろうか。

もっとも、ブンツの死をめぐっては、ごく最近になって、これまでの《伝説》にさらに輪をかけたようなディートリヒ・エンメの新説も出されている。これによれば、学生ルターは、一五〇五年一月にブンツと決闘して重傷を負わせ、ついに死にいたらしめた。その結果、深い抑鬱と罪責感に襲われるようになり、ついに修道院に入ることになったというのである。エンメは、その証拠として、ルターがエアフルト大学時代に聖書を熱心に読んだという『卓上語録』の回想を引き合いに出している。

しかし、ルターの抱いていた死の不安は、あきらかに別のものだった。現代人には理解しにくいかもしれないが、当時、人びとが恐れていたのは、突然の死によって罪を告白する機会を失い、教会の聖礼典による罪の赦しを受けないままで世を去ることだった。それは、死後に煉獄に落とされることになるか、それとも地獄における永遠の劫罰に苦しめられることを意味していたのだ。若いルターもまた、親友の急死を前にして、深い内面的危機におちいり、それまで手にしなかった聖書を熱心に読み始めたのであろう。修道院へ入る決意は、すでにこころの奥深く整えられつつあった！

《電光の一撃》は、それを決定的なものにしたのではなかろうか。

教会史家マルティン・ブレヒトは、決定版とも言える『ルター伝』（三巻、新版、一九九四年）

の中で言い切っている。「敬虔な学生を修道士にさせたシュトッテルンハイムの出来事は、教会史において甚大な影響を及ぼした偉大な回心事件のひとつである」と。その際、ブレヒトは、《電光の一撃》がすでに一五一九年一〇月の人文主義者クロートゥス・ルベアーヌスによるルター宛の手紙にも言及されている事実をあげている。そこでは、《電光の一撃》によって打ち倒されたルターをダマスコ途上における使徒パウロの回心にもなぞらえて、神の摂理とみなしている。クロートゥスは、のちにエアフルト大学の学長にも選ばれるが、元来、ルターと同じ学生寮の仲間の一人だった。

ブレヒトは、さらに修道院の教師ヨーハン・ナティンも、当時、クロートゥスと同じ考えだったこと、じっさい、シュトッテルンハイムの事件ゆえにルターは《天からの召命》を受けた者として有名だったこと、を指摘している。この古い話の中で、ルターが《第二のパウロ》のようにみられていたというのは面白い。ルターは、のちにパウロのローマの信徒への手紙を通して信仰義認論という宗教改革的原理の発見にいたったのだから。

シュトッテルンハイムの記念碑が建てられたのは、第一次大戦中のドイツ・ナショナリズムの高揚期のことだった。「聖別された大地」という文字は、この《聖地》のすぐ眼前に拡がる産業廃棄物の堆積の山を目にするとき、痛烈なアイロニーのように響く。現代技術文明の生み出した環境公害は、あらためて神の創造したままの《美しい大地》を思い起こさせるのではなかろうか。宗教改革の原理である信仰義認論が人間の功績＝業績達成主義を否定する神の恵みを説くものだとすれば、このルター《伝説》の聖地のもつ意味は、いっそう逆説的に現代のリアリティを照射するものと言えるかもしれない。

2　九十五箇条の論題《テーゼ》の《槌音》

宗教改革は贖宥状に反対するルターの九十五箇条の論題《テーゼ》から始まる。――それが、これまで世界史のどの教科書にも記されてきた定説である。一五一七年一〇月三一日の昼前のこと。ルターは、この問題について公開討論を呼びかけるため、ヴィッテンベルク城館付属教会（図3）北側の玄関扉に、ラテン語によるテーゼを打ちつけた。

これは、長いあいだ、プロテスタンティズムの象徴的事件とみなされ、しばしば、この場面が絵画の恰好のテーマとなったのも当然だろう。それらの中には、衆人環視の只中で槌音を響かせる若い修道僧の姿を、いささか劇的に描いたものも少なくない。しかし、近年になって、この《伝説》的な事件の日付について、さらには事実そのものについても疑問が提出されるに及んで、大きなセンセーションを巻き起こした。

一九六一年に大胆な仮説を唱えたカトリックの教会史家エルヴィン・イーザローも、その代表的論客の一人である。彼は、ルターの槌打ちの物語が、ルターの死の直後に出版されたラテン語版ルター全集第二巻（一五四六年）の「序文」において、メランヒトンによってはじめて証言されたものであることを指摘している。すなわち、「ルターは贖宥状テーゼを公表した。……これをルターは、一五一七年の万聖節〔一一月一日〕の前日にヴィッテンベルク城館近くの教会に公然と打ちつけた」と。

しかし、メランヒトンがはじめてヴィッテンベルクにやって来たのは一五一八年八月のことだった。彼が宗教改革初期の事実について正確な情報通ではなかったことは、この「序文」の他の記事からも推定される。したがって、メランヒトンのこの証言も誤りかもしれない。それまで誰も九十五箇条テーゼの槌打ちのことなど口にしてこなかったし、ルター自身も語ってはいないのだから。

こうしてイーザーローは、槌打ちの事実を否定する。それとともに、ルターが一五一七年一〇月三一日に贖宥状について批判的な私信を教会の上司に宛てて送った事実もあげている。ヴィッテンベルクの教区が帰属する最高の上司はマインツの大司教アルブレヒトだった。彼は、当時、ドイツにおける贖宥状発行の最終責任者だったのだ。じつは、贖宥状販売そのものは、ルターの膝元のヴィッテンベルクでも大いに行なわれていた。じっさい、のちにルターの保護者となったザクセン選帝侯のフリードリヒ賢明侯は、二〇〇〇点（！）もの聖遺物の収集者としても知られていた。これらの聖遺物は、その功徳によって《煉獄》の苦しみを二〇〇〇万年分（！）

2　ヴィッテンベルク城館付属教会
（クラーナハによる版画、1509 年）

免除できるほどの効力をもっていたとされる。

しかし、ルターが反対したのは、彼の目に乱用と映ったアルブレヒトの販売の特定のやり方であった。アルブレヒトの生み出した新機軸は、贖宥状をこの世にいない死者のためにも売りつけることだった。ほとんど誰でも、自分の亡くなった肉親がなお《煉獄》にいると考える理由をもっていたのだから。これに加えて、アルブレヒトからこの販売を委されていたドミニコ会の説教師テッツェルは、贖宥状を買った瞬間に、悔い改めることなしに、罪から解放されると宣伝した。こうして一挙に販売を拡大することに成功した。悔い改めなしにただ買いとるだけでよいというこの点こそ、ルターが抗議した《乱用》にほかならない。

贖宥状を買い求めるために、領邦国家の境界を越えて、ヴィッテンベルクの民衆までテッツェルのもとへ殺到するに及んで、ルターは、自分が牧会者として、また神学者として直接に問題の渦中に立たされているのを見いだす。ただ、彼は、なお忠実な教会の子として、司教たちの回答を待たないでテーゼを公表したとは考えられない。それは、教会的ヒエラルヒーにたいする意図的挑発を意味していただろうから。司教たちから「取るに足らぬ」修道僧に回答がもらえないことがわかったとき、彼は、テーゼを写して二、三の友人たちに送った。それが友人たちの手によって印刷に付され、急速に流布することになったのだ。こうして槌打ちの日付も、事実も、一つの《伝説》とされる。

これにたいしてプロテスタントの教会史家ハインリヒ・ボルンカムは反論する。一五一七年当時、メランヒトンがなお南西ドイツのテュービンゲンにいたというのは事実だ。しかし、重要なのは当初の空間的隔たりよりも、出来事にたいする時間的な近さではないか。彼が、翌年夏にヴィッテンベルクにやって来たとき、テーゼ論争は、まさに最高頂に達していた。そのときから三〇年近く、彼は、ルターの側にあり、問題の城館付属教会の扉の傍を何百回となく通ったはずだ。ここで起こった出来事を知らなかったとは思われない、と。

イーザーローによるメランヒトン説批判には、なお大学の討論規定の問題も関わっていた。当時、公開討論を行なうためには、学部長の指示にもとづき、テーゼは、ヴィッテンベルクのすべての教会の扉に――しかも大学の用務員の手で――打ちつけられねばならない決まりだった、というのである。

しかしボルンカムによれば、それは通常の討論について言えるだけで、ここでルターが意図していたのは別のものだった。贖宥状テーゼを打ちつける場所としては、城館付属教会の玄関扉こそうってつけのものだった。なぜなら、ここここそヴィッテンベルクで贖宥状販売が行なわれていた代表的な場所だったからだ。しかも、「打ちつけた」というのは、その頃学部長だったルターが自分自身の手で槌を振るったと解釈しなければならないわけでは必ずしもない。

むしろ、ボルンカムは、ルターが盟友アムスドルフに宛てた一五二七年一一月一日の日付をもつ手紙に注目する。「ヴィッテンベルクにて、万聖節の日、すなわち、贖宥状覆滅後一〇年目の日に。それを思い出して、われわれは、いま安んじて……」と。ルターがここで「思い出して」いるのは、テーゼが引き起こした雪崩のような反響のことであろう。回答もないままに埋もれてしまった司教宛の私信のことではなかったはずだ。こうしてメランヒトンによる伝承を正しいとみなしうる蓋然性はきわめて高い、と結論される（『ルターのテーゼとテーゼの槌打ち』一九六七年）。

この論争に加わった双方の陣営は、これまでのところ相手を十分に納得させる結論を出すにはいたっていない。槌打ちを否定するカトリック神学者たちのあいだにも、またそれに反論するプロテスタント教会史家たちのあいだにも、根拠は多岐に分かれている。それどころか、双方の陣営内部で、互いに相反する論点さえ抱えている有様である。ともかくテーゼが《郵送》された一五一七年一〇月三一日という《日付》を妥当として満足する意見、さらには、同日あるいは後日に、テーゼはやはり教会の扉に打ちつけられたのだという《事実》に固執する意見などなど。

この論争は一九四五年以来のもっとも基本的な歴史論争の一つであり、宗教改革史研究を驚くべく豊かなものにしたとも評されている。たしかに、多くのことがなお明確ではない。それは、この事件が、当時、嵐のような激動の日々に、たえず新しい状況が生じていた宗教改革のいわば《先史時代》（K・アーラント）に属していることにもよるのだろう。

いずれにせよ、ルターがこのテーゼを友人たちに送ったとき、それがどんな展開を辿ることになるのか、ルター自身をふくめて誰も予想だにできなかった。九十五箇条テーゼは、いち早くドイツ語に訳されて、各地で印刷に付され、驚くべき早さでドイツ全土に行き渡った。翌年三月には、すでにエラスムスも――おそらくバーゼルで出たその海賊版を読んで――最新の文学的ニュースとして、この事実をロンドンの友人トーマス・モアに伝えている。

当初は大学の問題としてとりあげられた事柄は、いまや広範な民衆的関心事となって歴史をつき動かす大事件に発展した。「ルターが槌音を響かせながらこのテーゼを教会の扉に打ちつけたというのは、もしかして事実ではないとしても、しかし、それがまさしく当時の教会にたいして向けられた恐ろしい一撃だったことは確実である」（R・フリーデンタール『ルター――その生涯と時代』新版、一九八二年）。

ヴィッテンベルクはエルベ河畔の町で、南からの流れが大きく西へ湾曲する中部ドイツに位置している。一二世紀半ば、スラブ人との戦いで過疎となったこの地方にネーデルラントやフランドルからやってきた移住者たちによって開かれたという。この町を強力な《プロテスタントのローマ》に仕立てた最大の貢献者は、先にあげたフリードリヒ賢明侯だった。当時、人口二〇〇〇のこの町にあたえられた経済的特権によって、富裕な市民が生まれ、商人や手工業者が市政に参画していた。賢明侯は、芸術の保護や学芸の奨励にもつとめ、とくにドイツ最初の領邦君主制下の大学を創立した。この大学に招聘されたルターが有名になるにつれて、学生数は飛躍的に増加し、一五二〇年以後、当時、ドイツで最大多数の聴講者を擁するまでになった。彼らは、ここで神学的訓練を受けることによって、ヨーロッパ各地に宗教改革の運動を押し広める尖兵となった。

ヴィッテンベルクの城館付属教会は、七年戦争のさいに砲撃を受け、一部の外壁と基底とを残して焼失した。ルターの槌打ちで有名な木の扉も、このとき灰燼に帰した。一九世紀半ばになって、この北側玄関は、宗教改革を記念するモニュメントとして新しく再建された。いまや青銅の扉には、九十五ヶ条テーゼ全文がラテン語でグーテンベルクの小文字を用いて刻印されている。あたかもルター伝承の正当性をいつまでも伝えようとするかのように。

人口五万のこの小都市は、いまでは、毎年、それに数倍するルター巡礼者を観光客として集めているという。道路の反対側にあったインフォメーションセンターにはルター・グッズの数々が陳列されていた。「われここに立つ、他はなしあたわず」という有名なウォルムス証言を編みこんだ《ルター・ソックス》も並んでいた。これを履いて《いささかの自信を》というソックスにつけられたタグの文字は、自信をなくした現代人向けの奇抜なアイディアとして面白い。観光土産としてよく売れているようだった。

3　《インク壺》の一撃

ヴァルトブルクの古城について何も知らない人でも、ルターの小部屋の壁にあった《インクの染み》については、すでに耳にしたことがあるのではなかろうか。かつてルターは、そこで執筆中に悪魔に妨害され、とっさに卓上のインクつぼを投げつけた。このとき壁にあたったインクの染みが長くそこに残っていたという《伝説》である。実は、ルターにまつわる《インク壺》の話は、ルターゆかりの他の場所にも伝わっている。しかし、ヴァルトブルクのそれが、もっとも有名なものとして《独占的》に喧伝されてきたようだ。

ウォルムス勅令によって皇帝カール五世から《帝国外追放》に処せられたルターは、一五二一年五月四日に選帝侯フリードリヒのはからいで誘拐の形をとって、ヴァルトブルクの城にかくまわれた。彼は、この城の代官役所二階にあった――騎士牢と呼ばれていた――小部屋に入れられ、

《郷士イェルク》と変名して、翌年春まで、ここに滞在した。激動の世界から隔離され、《パトモス島の孤独》の中で強いられた慣れない騎士生活は、ルターにとって、心身ともに苛酷なものであった。

宗教改革をめぐる新しい情報は、少数の心許す友人たちとの交信によるしか入ってこなかった。一五二一年秋、シュトラースブルクの友ニコラウス・ゲルベルに宛てて書いている。「どうか信じて下さい。私は、この無活動な孤独の荒野にあって、多くの悪魔たちの手に委ねられています」と。気分を変えるため、ルターは信じ難いほど激しく執筆活動に励んだ。その最大の成果が、わずか三カ月足らずで完成した新約聖書全巻のドイツ語翻訳である。ここに有名なインク壺の《伝説》が生まれた。

聖書をドイツ語に移すことは、悪魔にとって、とくに気に入らぬことだった。悪魔はそれを妨げようと考え、ある夜は階段でガタガタ騒音を立てて執筆机のルターをびっくりさせた。悪魔が大きなクロバエの姿をとってブンブンと飛び回り、ルターはそれを追いかけつづけたが、摑まえられないままのこともあった。最後には、ルターが難解な文章を翻訳するため集中していたとき、悪魔は生身の姿で出現した。ルターは、暖炉の隅で悪魔が火のような眼をギラギラさせているのを発見した。彼は怒って「クソくらえ！」と叫び、インク壺をつかんで、この招かれざる客に投げつけた。悪魔は、呪いの言葉とともに姿を消した。現われた時と同じく暖炉の穴を通って——

（D・イグナシアク『チューリンゲンのルター』一九九六年）。

こうした聖書翻訳を妨げる悪魔という《伝説》は、おそらくルター自身の抱いていた聖書＝言語観から来ているのであろう。たとえば、彼は一五二四年に、ドイツ全都市の参事会員に宛てて学校創設を勧告した書簡の中で記している。言語の学びと拡大とが悪魔のもっとも恐れるものだと。悪魔が重視しているのは「聖書における私の言葉と筆」であるとさえ断言している。なぜなら、「聖書と言（＝原）語とは、悪魔にとって世界をはなはだ狭くし、そのことは悪魔の国に損害をあたえることになるのだから」と。

しかし、インク壺の伝説の起源そのものは、実はヴァルトブルクではなくヴィッテンベルクだった。これは意外に知られていない事実のようだ。たとえば一五九一年にロストックの法律家ヨーハン・ゲオルク・ゲーデルマンは、彼がヴィッテンベルクで学んでいたころに耳にした話を伝えている。すなわち、ルターのもとに一人の修道僧がやって来て、いろいろな質問をした。ルターは、その僧が人間の指ではなく鳥の爪をしているのを見て悪魔だと見破った。すると悪魔はインク壺をルターに投げつけて逃げていったというのである。

ゲーデルマンは一五八七年にヴィッテンベルクで勉学を始めているので、このルターにかかわるインク壺の一撃という物語は、ヴィッテンベルクでは、一五四六年のルター没後まもなく知られていたことがわかる。じじつ、一六〇二年に作られたハンス・ダイジンガーによる歌の一節には、ヴィッテンベルクにおけるルターの居間のインクの染みについてはじめて報じられている。すなわち、悪魔がルターに向かってインク壺を投げつけたとき染みがついた。悪魔はインクをぶちまけて、ルターが書いた文字を読めなくしようと企てたが失敗したのだ、と。

その後、このインクの染みの話は、さまざまの逸話を生んでいる。一八世紀の初頭、北方戦争のあいだスウェーデンの将軍たちがヴィッテンベルクに駐留していたときのこと、大学の係員はインクの染みをつけ直すように命じられた。将軍たちがやって来て染みに触ってみたら、まだ湿っていたので爆笑したという話。あるいは、その後まもなくロシアのピョートル大帝がヴィッテンベルクを訪ねてインクの染みを見せられたとき、染みの上にキリル文字で書きつけたという。「インクは新しいようだ」と。この染みは一九世紀末にヴィッテンベルクのルターの部屋が修復されたとき、最終的に抹消された（V・ヨエステル『テーゼの扉とインク壺』一九九八年）。

これにたいして、ヴァルトブルクのインクの染みは、かなり遅れて一六五〇年刊行の書物にはじめて報じられているという。それについて一六九〇年にメリアンのオーバーザクセン地方誌（第二版）には、たとえば、こう記されていた。「一五二一年　ヴァルトブルク城で、彼は悪魔に向かってインク壺を投げつけたと伝えられる。なお今日にいたるまで、そのインク（の染み）は壁に認めることができる」と。しかし、一七世紀に出版された他の書物には、ルターの小部屋についてのは詳細に記されているにもかかわらず、染みへの言及は見当たらない。それが一八世紀初めの記述では、自明のこととして登場している。したがって、この間に——おそらくヴィッテンベルクのインクの染みに連動して——いつしか成立したのであろう。

ヴァルトブルクのインクの染みは、一八世紀を通じて、ルターの小部屋の壁を飾っていたらしい。度々この城に滞在したことのあるゲーテも、この染みに言及している。その頃の城の管理にあたっていたアントン・フォルクは、——彼自身は敬虔なカトリック信者だったが——くり返し壁の染みをつけ直すことにつとめたという。

やがて啓蒙主義が進むとともに、一九世紀初めになると、この物語は《伝説》とみなされるようになり、染みのつけ直しも中断された。しかし、この世紀半ばには《インク壺》が持ち込まれるに及んで、ふたたび《伝説》が息をふき返した。ようやく二〇世紀に入って、こうした染みの《修復》作業は最終的に中止されるにいたった。にもかかわらず、自分の目でインクの染みを見たという目撃証言に事欠かないといわれてもいる（H・シュヴァルツ『インクの染みの伝説』一九九一年）。

それにしても、ヴァルトブルクでは、ヴィッテンベルクの話とは逆に、インク壺を投げたのが悪魔ではなくルターだったことになっている。ヴァルトブルクで体験した悪魔話の折に、ルターが「インクによって悪魔を追っ払ってやった」と注釈したことによるのであろうか。むろん、それは、何よりも聖書注釈の仕事を通して、すなわち、《ペンとインク》で闘ったという象徴的表現なのであろう。ルターの小部屋の入口の記銘板には、《伝説》を訂正するこうした説明文が張られていた。だいぶ前、東独時代に訪ねたときにはなかったように思う。

身体を屈めるようにして小さな入口から部屋に入ると、頑丈な箱テーブルが目につく。しかし、これはルターの用いたものではない。元来のものは、その後、訪れる人びとによって記念に少しづつ部分的に持ち去られて姿を消してしまったという。その代わりに、一九世紀初め、記念の年に、もとメラーにあったルターの両親の家から寄贈されたものだ。ルター自身も用いていたというふれ込みだが、その制作年代は、今では一六〇〇年以後のものだったことが知られている。

しかし、一九世紀に《ルター崇拝》が高まったとき、ヴァルトブルクの《ルターの机》や《ルターの椅子》が規格品としてドイツ全国で流行したこともあるという。この時期には、そうしたルターゆかりという調度品が次々と持ちこまれて、この小部屋は、さながら小さな《ルター博物館》のようになっていた。元来、壁暖炉のあった場所に現におかれている陶製ストーブも、一九世紀につくられたものだ（**図4**）。

今では、多くのものが撤去されて簡素なたたずまいになっている。机の脇におかれた鯨の脊椎は、踏み台としてルターも用いたものだという。正面の板壁は、ほぼ当時の原形を伝えるものだ。そこに掲げられた《郷士イェルク》の肖像画は、むろんクラーナハの手になるもの。このルター像は、頭髪とひげを伸ばして剃髪の修道僧から変身していた頃の姿を偲ばせている。当時、親しい友人だったクラーナハが、ひそかにヴィッテンベルクからここへ訪ねてきて描いたものだと言い伝えられてもきた。もっとも、これは美化された友情物語のようだ。

4　ヴァルトブルク城のルターの居室

いずれにせよ、このインク壺の一撃という美しい伝説がヴァルトブルクの民衆的人気を高めることに貢献してきたことは疑いない。いな、そればかりではなく、こうした《伝説》は、たんに確定された史実以上に、歴史的連関にひそむ深い意味を象徴的に表現しているのではなかろうか。すでにウォルムス帝国議会におけるルターの

「われここに立つ」という言葉そのものが、おそらく目撃証人の証言ではないかもしれないと言われている。にもかかわらず、この言葉は、古記録における記載の有無を越えて、いっそう深い意味で、近代史への転換としてのウォルムス証言の《歴史的真実》を告げていると言ってよいであろう。

ルターによる聖書翻訳が宗教改革の運動にたいして果たした重要性に照らせば、悪魔に投げつけたインク壺の一撃という《伝説》も、同じく象徴的な物語ではなかろうか。たしかに、ルター以前にも、高地ドイツ語や低地ドイツ語による幾つかの聖書翻訳がすでになされていた。しかし、ルターの手によってエラスムス校訂のギリシャ語原典から、はじめて生きた民衆的なドイツ語の聖書が生まれたことは決定的だった。『卓上語録』の中で、彼は、当時、ザクセン選帝侯領内で官庁的に使用されていた表現に従い、「高地の人にも低地の人にも共に分かる共通ドイツ語」を用いたと語っている。

このルター訳聖書の言語は、後の世紀においてもなお、その力強い影響を残しているようだ。あの痛烈な批評で定評のある劇作家ベルトルト・ブレヒトの皮肉な逆説は、それを示している。彼はたんに無神論者だったばかりか、いっそう辛辣な《反キリスト教的冷笑家》（S・ジルヒンガー）としても知られていた。一九二八年に、ベルリンのある雑誌によるアンケートで「もっとも強い印象をあたえられた文学作品は何か」を尋ねられた。ブレヒト曰く「お笑いでしょうが、聖書です」と。

4　『ルターの受難』

最後に、こうした多くの《ルター伝説》がどのようにして生まれていったかを知る上で興味深い例を紹介しておくことにしよう。

ウォルムス帝国議会のあいだも、その後の時期にも、ルターの周りには彼の運命に関心を寄せる多くの民衆の支持と共感とがあった。当時、宗教改革を擁護するおびただしい数のパンフレットが印刷されていたことも、それに大きく寄与したことは言うまでもない。今日、ウォルムス帝国議会について第一次資料として用いられる多くの記録類も、当初は広範な民衆のために、とくにルター支持者たちのために情報を伝えようとしたパンフレットの形で流布していたものであった。

こうしたパンフレットの中で、そのテーマの特異性から注目されるものに『ルターの受難』がある。これは、ウォルムスにおけるルターの審問とそれにつづく《帝国外追放》をイエスの受難史をモデルとして描いたものだ。このパンフレットの著者が誰であったかは確定されていない。出版されたのは、おそらく同じ一五二一年の夏か初秋の頃と推定される（J・ウーファー「マルティン・ルターの受難――一五二一年のパンフレット」、F・ロイター編、『一五二一年のウォルムス帝国議会』所収）。

この受難物語の舞台となるのは、むろん、エルサレムに代わってウォルムスの町である。ルターの支持者たちは彼の《弟子》とされているが、その中で面白いのはザクセン選帝侯フリードリヒが三度イエスを否認した《ペトロ》とされていることであろう。これは選帝侯のルター支持に見られる優柔不断さを揶揄したものかもしれない。マインツの大司教アルブレヒトは《カイアファ》として登場する。《ピラト》役は何人かに分担されているが、後では皇帝カール五世が引き受けさせられている。ルターの著書や肖像が焼かれたことが十字架への《磔刑》と同定されている。

この中から印象的な一、二の箇所をとりあげてみよう。福音書の受難週の記事（たとえばマタイ二六章、マルコ一四―一五章、ヨハネ一八―一九章など）と比較しながら読んでみると、いっそう面白い。

カイアファの宮殿で、ファリサイ派の人びとが集まり、ルターの殺害をとり決める。「しかし、帝国議会のあいだはいけない。民衆の中に騒ぎが起こるかもしれない」から。

教皇使節アレアンダーたちは、ルターのもとに一人のユダヤ人を送った。（ちなみに、当時、アレアンダーの批判者たちのあいだでは、彼がキリスト者ではなく、洗礼を受けたことのないユダヤ人だと噂されていたという）。

しかし、ルターは、身の上に起ころうとすることをすべて知った上で、教皇の使者に問いかける。

「あなたは誰を捜しているのか」。

「ルター博士を」。

「私である。……私は、毎日、宮で教えていたのに、あなたがたは私をつかまえようとはしなかった」。

使者たちは後ずさりして、地に倒れた。……

いよいよ裁判になり、教皇派の人たちは断罪のため偽証を求める。しかし、彼らは何一つ一致した根拠を見いだすことができない。とうとう最後にヨーハン・フォン・エックなど二人の偽証人があらわれて言う。

「ルターは、こう言ってきた。コンスタンツ公会議は誤りを犯し、教皇は反キリストである、と」。

マインツの大司教は立ち上がって言う。

「この者たちがお前に不利な証言をしているが、どうなのか。生ける神に誓ってわれわれに答えよ」。

しかし、ルターは恐れることなく答える。

「それは、あなたがたが言うところだ。……私は神の言葉によって打ち勝たれるのでないかぎり、自分の著書を撤回しようとは思わない。私が誤っているのなら、その誤りを証明してもらいたい。そのときには、私自身が自分の著書を火に投じるつもりである。しかし、私が正しいことを語っているのなら、なぜ、あなた方は偽証を用いて私を打つのか。私から聞こうとしないのか」。

そこでマインツの大司教カイアファは怒りに満ちて言う。

「彼はわれわれの神を冒瀆した。これでもまだ証言が必要だろうか。諸君は、いま冒瀆の言葉を聞いた。どう思うか」。

人びとは一致して答えた。「死刑にすべきだ」。……

ルターの書物が焼かれたことについても、この『ルターの受難』は、イエスの受難と重ねて描いている。


ここに総督は、ルターの書物を焼くために彼らに渡した。祭司たちは、それを受け取った。諸侯たちと民衆とが去ったとき、議会は大祭司の宮殿の前に大いなる薪の山を積み重ね、そこで彼らは「これは福音の博士マルティン・ルターなり」としるした罪状書きとルターの肖像とを上に置いて、書物を焼いた。この名を多くのローマ派の人びとは読んだ。……それはフランス語、ドイツ語、ラテン語で記されていた。

そのとき、祭司長たちとローマ派の人びとは、総督に言う。

「福音のまことの博士、と書かないで下さい、彼は、われは福音のまことの博士なり、と言っていたからです」。

しかし、総督は答えて言った、「書いたことは、書いたままにせよ」。……


もっとも、ここでみられる不承不承で教皇派に従う総督という役柄は、前章に記したウォルムス帝国議会における皇帝カールの発言からすれば、あきらかに歴史的事実には反するものだ。その時、彼は、自分自身の信仰告白としてカトリック教会の《擁護者》という態度表明をしていたのだから。

しかし、こうしたパンフレットの存在や記述の仕方には、すでに宗教改革初期の時代から始まっていたルターの《記念碑的顕彰化》（A・コーンレ）への傾向の萌芽を認めうるのではなかろうか。たとえば前章の冒頭で紹介したウォルムスの宗教改革記念碑の誇示するルター像（一八六八年制作）は、まさにビスマルクの《鉄血の道》によってオーストリアとの戦争に勝利し、ドイツ第二帝政の成立を目前にしていたときに建設されたものである。それは、ドイツ・ナショナリズムの高揚期における代表的な所産と言うことができるだろう。

ウォルムスにおけるルターの証言は、たしかに、言葉の全き意味での信仰告白であった。ルターは、当時の古い記録が伝えるように《岩》のように立っていた。しかし、ウォルムスでルターが「われここに立つ」と発言したのは、たんにルターの主観的な確信の堅さとか彼の良心の純粋さのことではなかったはずである。それは、あくまでも神の言葉に拘束された信仰的良心を意味していた。地獄の力もそれに打ち勝つことができない《岩》、すなわち、ルターの聖書的信仰の上にこそ立っていたのだ。ナショナルな英雄伝説にとどまることはできない。

Ⅱ　美術史の中の宗教改革

3　宗教改革者の肖像

ルーカス・クラーナハの信仰と芸術

ルーカス・クラーナハは、デューラーやホルバインと並んで、日本でもよく知られている近代初期の芸術家である。それは、世界中のどの美術館にも飾られている彼の作品のおびただしさにもよるのであろう。それらの作品には、神話や旧約聖書の題材からとられた女性たちが薄衣をまとった蠱惑的な姿で描かれていて関心を呼んできた。しかし、ここでは、二〇一七年一〇月末に迎えた宗教改革五〇〇周年を記念して、クラーナハが彼の工房の美術作品によって宗教改革の運動にいかに大きく関わったかを紹介することにしよう。

1　改革者ルターとの出会い

クラーナハは、一四七二年にドイツ中部の小さな町クローナハで生まれ、一五〇〇年代初めにウィーンで画家として本格的な活躍を始めた。その後、一五〇四、五年頃、ザクセン選帝侯フリードリヒ賢明侯の宮廷画家として招聘され、ヴィッテンベルクへ移ってきた。彼に遅

1　ルター像（1520年）

れて一五一一年にエアフルトからやってきたルターが一五一七年に贖宥状批判の九十五箇条論題《テーゼ》を公表し、ヴィッテンベルクが宗教改革の中心になったときには、彼らは、すでに数年来の親しい知己であった。

クラーナハは画家だったばかりではない。彼は、みずから印刷機を備えつけてルターの改革文書を出版し、さらに書店を経営してそれを販売した。彼は、ヴィッテンベルクの市参事会のメンバーでもあり、のちには市長を務めたほどの有力者だった。ヴィッテンベルク市の会計簿からは、当時、市参事会がルターのウォルムス行きの馬車を調達するため必要経費を支出したことが知られている。ルターとクラーナハとの関わりは、一般に想像されているより以上に深いものがあった。

じっさい、クラーナハの工房から生まれた多くの画像や木版画なしには、あのように迅速に遠隔の地にまで宗教改革の運動が拡大しえなかったことは確実である。それは、現代風に言えば、新しいスタイルのメディア戦略の成功と呼ぶことができるだろう。じっさい、ルターは、歴史的にみて、最初のメディア・スター的な存在だった。彼の肖像画は、当時生きていたどの人たち——皇帝や教皇すら——をも遥かに越えて数多く普及していたのだから。

残されたクラーナハの手になる最初のルター像は、一五二〇年のすぐれた銅版画（図1）である。このアウグスティヌス派修道僧として描かれたルター像を目にした者は、憂愁の表情のもつ厳しい印象を忘れえないであろう。そこには、この人物がどのような苦悩の深淵を通ってこなければならなかったかということが、よく表われている。それは、中世の多くの人びとをとらえた《救いの確かさ》をめぐる魂の不安にほかならなかった。しかし、それだけではなく、深い精神性をたたえた眼差しは、来たるべき偉大な出来事の予感に満ちているようにみえる。たくましい鼻梁や力強い下顎の線にも、同じく、何ものにもたじろがない改革者の情熱が感じとられるだろう。

この一五二〇年というのは、ルターが有名な『教会のバビロン捕囚について』や『キリスト者の自由』など教皇制批判の三大改革文書を公刊した年にあたる。彼は、激動し始めた宗教改革の闘いをとりあげることを敢然と決意し、この年の十二月には、ヴィッテンベルクの城壁の前で、教授や学生たちにとり囲まれて、教皇による破門威嚇の教書を火に投じた。この肖像の伝えているのは、宗教改革をめぐる深い魂のドラマなのである。

しかし、このルターの外貌を真実に伝えていると見られる銅板画は、現在、ごく僅かの試し刷りしか残っていない。肖像画の作成をクラーナハに委託したザクセン選帝侯の宮廷関係者は、この試案版画に満足しなかったようだ。それは、元来、ウォルムス帝国議会に備えて、この修道僧を広く世に知らせることを意図したものであった。この肖像画を見る者にたいして、ルターがあまりに強烈な個性の持主であり、激しやすい——いわば《革命的な》行動をとりうる——人物であると印象づけることを危惧したのであろう（G・シュスハルト『ルーカス・クラーナハ』一九九四年）。

2　ルター像（1520年）

3　ルター像（1521年）

同じ年に描かれた第二のバリエーションでは、ルターは壁龕《へきがん》の下に立つ聖人のような姿で示されている（**図2**）。最初の試し刷りよりもいっそう繊細に、柔和な表情をもつ人物として上半身全体が描かれている。左手を胸に当て、右手にした聖書の中から、まさに読みとったばかりの事柄について静思しているかのようにみえる。彼の確信が主観的な思いつきではなく聖書にもとづいていること、それによって改革者がスキャンダラスな反抗的異端者ではないことを表現している。この銅版画こそ、当時、ウォルムスに向かうルターとともに、広く民衆が手にすることになった宗教改革者のイメージでなければならなかった。

二番目の肖像としては一五二一年作の銅版画で、ドクトル帽をかぶったルターのプロフィールが描かれている（**図3**）。クラーナハの場合、プロフィールを描くことは、きわめて稀なことであった。その意味では、この肖像画はモニュメンタルな性格を強くもっている。これほど印象的なルターのプロフィールは存在しないとさえ言われている。肖像画の下のラテン語の文字には「ルーカスの作品はルターの有限な姿の肖像である。しかし、彼の精神の不朽の肖像を刻印するのは彼自身である」というクラーナハの思い入れが刻まれていた。

この肖像画は、ウォルムス帝国議会に参集する知的なレベルの人びとに向けて制作されていたのだという。しかし、真直ぐ前方を見つめる眼差しには、先の英雄的信仰に並んで福音的信仰のいまひとつの重要な心情的契機が示されている。それは、ルターの子どものような神信頼の表情をはっきりとらえているのだから。「たとえウォルムスの屋根瓦ほど多くの悪魔がいようとも乗り込んでいこう」というルターの決意さながらに。

2　絵画的言語の共働者

一五二一年春に召集されたウォルムス帝国議会において、ルターは、皇帝カール五世と教皇使節を前にして自分の立場を——伝説によれば——「われここに立つ、他はなしあたわず」と証言したことになっている。「ここに」というのは、ルターの自由なる「良心」のことであり、それが聖書に示された「神の言葉」にもとづくことを意味していた。これにたいして、五月八日の日付をもつウォルムス勅令は、ルターを《帝国外追放》の刑に処し、さらに彼の全著作の印刷と購読とを禁じ、その同調者の追及をも命じた。

帝国議会からの帰途、ルターは、賢明侯フリードリヒの巧妙な計らいで、ヴァルトブルクの古城にかくまわれた。このとき、ネーデルラントを旅していたデューラーが、ルター暗殺の報を耳にして痛嘆の叫びを上げたことはよく知られている。しかし、ルターは、心を許していたクラ

4　若い郷士イェルク（1522 年）

ーナハにだけは、偽装誘拐について、その第一報をひそかに送っていた。「私は、自分自身を捕えさせて身を隠します。それがどこなのか、まだよくわかっていません。私としては、暴君たち、とくに怒り狂っているザクセン大公ゲオルクの手によって殺されてもよいのですが、その時が来るまで、よき友人たちの忠告を無視するわけにはいかないのです」。

一五二二年春に、ルターが急遽ひそかにヴィッテンベルクに帰ってきたのは、彼が不在にしていたあいだにカールシュタットたち熱狂主義者が始めたラディカルな改革運動による騒乱状態を正しい軌道に戻すためであった。彼らは、いっさいの画像を教会堂から追放する聖像破壊に狂奔していたのだ。

このときルターと密かに再会したクラーナハは、ただちに新しいルターの肖像を描いた。剃髪した修道僧の姿から一変して頭髪を伸ばし、顎髭を生やした「若い郷士イェルク」（一五二二年）として知られているものである（**図4**）。その表情には、正しい秩序を回復する改革者としての強い決意がみなぎっている。まもなく木版画として大量に複製され、都市から都市へと多くの人びとの手に渡り、ルター殺害の噂にもかかわらず、彼がなお隠れて生存していることを証明した。

その後、クラーナハの手によって描かれた数多くのルター像は、時とともに、その特徴を変えていった。激情的な思いを胸に秘めた痩せた修道士は、やがていっそう平静で確信に満ちた相貌を見せるようになった。一五三〇年代の肖像は、すでに改革者であるとともに忠実な家庭の父としてのルターを示し、四〇年代のそれはルター主義教会の《族長》としての姿を伝えている（**図5、5a**）。

これらの肖像は、いわば宗教改革の精神史そのものを反映しているといっても過言ではない。それは、中世末期の宗教的不安から出発し、宗教改革の激しい闘いを経て、ついにその福音主義教会の確立にいたる歴史の歩みにほかならない。クラーナハの描いた油絵のルター原画は、写真の乾板のように保存され、求めに応じて用いられ、その衣装や装飾は時代に応じて追加されていったのだという。

5　ルター像（1530年代）

5a　ルター像（1546年）

クラーナハ工房は、ルターの生前、その肖像画の制作について独占的な権利をもっていた。ルターの思想に深い感銘を受けたデューラーが自分の手で一度はルター像を描いてみたいという熱望も、ついに叶えられなかったのは惜しいことだ。こうしてクラーナハによって大量に制作されたルター像は、当時の人びとのこころに深く刻印されたばかりではない。それは、今日もなお広く抱かれているルターのイメージとして定着してきた。

ルター自身は、聖像崇拝には反対だったが、画像をもつこと、それを描くことには反対しなかった。この点に関して、ドイツの宗教改革運動は、スイスの場合とは異なった経過を辿ったことを見逃してはならないだろう。しかし、ルターの宗教美術にたいする見解は、まとまった《美術論》という形では存在してはいない。それは、具体的な問い合わせや進展する状況にたいする、その時々の反応として彼の著作の中に散見されるにすぎない（M・シュティル『宗教改革における画像問題』一九七七年）。

ルターにとっては、画像への関わり方は、キリスト者の自由に属する事柄であった。画像それ自体よりも、むしろ画像の用いられ方、画像の眺め方如何が決定的な問題なのである。ルターにとっては、画像は崇拝の対象ではなく、あくまでも見られるものであった。彼は、「描くこと、遊ぶこと、歌うこと、語ることは、よいことだ」と語っている。加えて、画像は、聖書の文字に通じていない一般民衆に福音を伝え教える上で大いに役立つものだったから。

「望むと望まざるとに関わらず、キリストについて耳にするとき、心の中に十字架にかけられた方を思い浮かべざるをえない。心の中にキリストの像をもつことが罪でないとすれば、それを目の前にもつことがどうして罪であろうか」とルターは述べている。十字架の主（あるいは子羊）を指し示す洗礼者ヨハネの姿は、ルターがとくに好んで眺めた「美しい素晴らしい絵画」であった。この連関で、彼はしばしば、グリューネヴァルトの有名なイーゼンハイム祭壇画の十字架像に言及している。

こうしてルターは、終生、その友の偉大な芸術を擁護することをやめなかった。クラーナハもまた、その芸術を通してルターの事業の建設と拡大のために同労者としての責任を担いつづけた。とは言え、当時の聖像破壊の運動は、後世に消しがたい大きな影響を残した。それは、伝統的な敬虔の遺産を破壊したのみではなく、芸術家たちの信仰的な創作意欲に代えて、近代的な造形美術への道を開く契機をもっていた。

後で見るように、たとえばグリューネヴァルトは、その最晩年には画筆を手にすることなく建築家として生きようとした。デューラーもまた、有名な『四人の使徒』を教会堂ではなくニュルンベルクの市庁舎のために描いた。クラーナハ工房も、しだいに時代の趣味に対応して営業的な制作を手がけるようになった。こうした中で、旧約聖書やギリシャ神話のテーマを扱った作品において多くの蠱惑的な女性の裸体画が後世に残されることになった（H・C・フォン・ヘーブラー『福音主義教会における画像』一九五七年）。

ルターがクラーナハの芸術活動にどの程度関わったかということは、容易には確定できない。ルターの同労者メランヒトンの証言によれば、彼らがクラーナハに、時折、助言をあたえていたのは確実である。しかし、聖書翻訳にあたって、逆に、ルターからクラーナハに意見を求めたことがあったことも知られている。二人は、しばしば、ルターの書斎で落ち合い、ヨハネ黙示録の中の容易には結着しがたい宝石の色の確定や、そのほか困難なテキストについて論議したのであった。

3　論争的画像

ヴァルトブルクの古城に隔離されていたルターは、孤独に苦しみながら、やがて聖書翻訳の仕事に取りかかった。聖書の権威にもとづいて宗教改革の運動を始めたルターにとって、聖書を民衆の言葉であるドイツ語に翻訳することは重要な意味をもっていた。それによって、信仰の問題を一人びとりが主体的に判断することが可能となるのだから。こうして一五二一年一二月半ばに着手して僅か一一週間で新約聖書全巻のドイツ語訳を完成した。翌一五二二年九月には、ルターの画期的な『ドイツ語新約聖書』がクラーナハ工房によって制作・出版された。

九月版聖書

この九月版聖書は、翻訳者の名前も挿絵画家の名前も、さらに出版社、印刷所にいたるまで匿名のままであった。それは、謙虚さの現われというよりも用心深さのためであった。これには二一枚にも及ぶヨハネ黙示録のための挿画が加えられていた。この時代に、好んで黙示録の聖書挿画が描かれたことには特別の理由があった。それは、宗教改革における強い終末論的志向とともに、なかんずく当時拡がっていた教皇制批判と関わっていた。じっさい、九月版聖書の中から、人びとは、直ちに教皇制にたいする大胆な批判を見てとることができたのだ。

そこには、黙示録一一章の《龍》や一七章の《バビロンの大淫婦》の頭上に、教皇のかぶる三

6　バビロンの大淫婦
（クラーナハ、1522 年）

重冠が載せられていた！　それは、クラーナハの黙示録挿画のモデルとなったデューラーの有名な『黙示録』シリーズでもまだ認められないものであった。いわばデューラーにたいするクラーナハの一歩踏み込んだ解釈を示す典型的な例と言えるだろう。

この《バビロンの大淫婦》は、嫌悪をもよおす竜の頭と際立って対照的に、ほとんど優美ともいえるような姿を見せている（**図６**）。クラーナハの作品でかくも「優美な官能性」を示すものはない、とさえ評されている。彼女は宝石や真珠で身を飾り、誘惑的な眼差しを向けて、驚嘆する崇拝者たちに金の杯を差し出している。彼女の前に立っているのは、皇帝や諸侯、貴人たちである。その中には皇帝カール五世やザクセン大公ゲオルクの姿もあり、先頭で跪いている一人は贖宥状販売で知られた修道士ヨハネス・テッツェルだろうという（P・マルティン『ルターと黙示録画像』一九八三年）。

これらの画像は、聖書テキストを越えたルター自身の見解、すなわち、教皇制は黙示録における《反キリスト》だ、という反ローマ教会の抗議的《ポレーミッシュ》な精神を明確に表現していた。新約聖書全巻の翻訳が終わった段階で、ルターは――おそらくメランヒトンの了解の下に――黙示録の巻だけには挿絵を入れることを決めた。その理由は、テキストの難解さの故であった。複雑な象徴的言語が入り交じっているテキストを理解させるには、具体的なイメージを伝える画像を加えるのが最善の方法だと考えられたのだ。こうしてクラーナハは、ルターの指示に従い、二一枚の下絵を描くことになった。

初版三〇〇〇部はあっという間に売り切れ、さらに三〇〇〇部が増刷されたと伝えられている。この九月版聖書は、ルターの生涯を通じて、彼が亡くなるまでに、ヴィッテンベルクだけでも二八刷を重ねたという。それとともに、この黙示録の挿絵もドイツの多くの読者の目に触れることになった。ただし、注目すべきことに、同じ年の一二月版聖書では、この教皇冠は撤去され、ありふれた冠に取り代えられていた。元来の教皇冠の上の部分は木版画の版木から切除されて、三重冠の一番下の部分のみ残されていたのだ。しかし、そこに生じた余白から、人びとは、その由来を容易に認識することができた。

この三重冠が撤去された理由は、《聖なる教皇職》にたいする嘲弄と中傷に抗議して、賢明侯フリードリヒに訴えたザクセン大公ゲオルクの要求によるものであった。大公は賢明侯の従弟にあたる人物だったが、カトリック側の陣営にとどまり、一五二一年のウォルムス帝国議会においてもルターの《帝国外追放》に影響をあたえた有力者だった。フリードリヒは、一方ではルターをかばいつづけながら、他方ではルターのラディカリズムを抑制し、宗教改革を柔軟路線に転換することに努めていた。それは、教皇制や皇帝権力と公然たる対立関係に陥ることを避けようとする《賢明侯》の外交政策にも由来するものであった（H・グリザール＝F・ヘーゲ『ルター研究―

7　バビロンの大淫婦（クラーナハ、1534 年）

—図像によるルターの論争』（一九二二—二三年）。

教皇冠は、その後の一五二六年版でも一五二六年版でも取り除かれたままだったが、一五三四年版では、ようやく再登場する。この間に賢明侯フリードリヒは亡くなり、一五三二年以後、その地位はヨーハン・フリードリヒ寛容侯に代わっていた。彼は、後にシュマルカルデン同盟の指導者にもなったように、教皇や皇帝にたいする公然たる反対者であった。

いまやルターは、何ら恐れることなく三重冠を復活させる。九月版聖書では、この教皇冠はいささか低く描かれ、いわば画家が気持の上である種のためらいを覚えていたかと思わせる印象もあたえるものだった。しかし、この三四版年聖書では、そうした控えめな印象はすべて払拭されて、教皇冠は、あまりにも高々と昂然とした調子で《バビロンの大淫婦》の頭上に被せられていた（**図7**）。

『キリストの受難と反キリスト』

実は、一五二二年の九月版聖書に先立って、クラーナハ工房では、一五二〇年のルターの改革文書にもとづいて、いっそう尖鋭な木版画『キリストの受難と反キリスト』（一五二一年）が制作されていた。これは、一三個の対照的な画像を組み合わせた二六枚の木版画シリーズであった。

まず目に入る見開きの左ページがキリスト、右ページが教皇という形で、キリストの苦難の生涯と栄華をきわめる教皇権とを対比した連作である（K・グロル『父ルーカス・クラーナハの『キリストの受難と反キリスト』考』（一九九〇年）。

たとえば三重冠を頭にいただいた教皇が人びとから――皇帝からさえ（！）――拝跪されるのに対して**（図8右）**、キリストは弟子たちの足を洗っている**（図8左）**。じっさい、この木版画ではキリストがペテロの足に接吻さえしている！　最後の場面では、キリストは昇天し**（図9左）**、教皇は地獄の火の中に落とされている！**（図9右）**　興味深いのは、昇天の丘の上にはキリストの足跡が象徴的に残され、その地上での活動の事実が消し去られていないことだ。丘の麓には弟子たちが天を仰いで立ち並び、中には両手を合わせて祈る姿もある。昇天したキリストは左手に十字架の旗をもち、祝福するかのように右手を高くあげている。そ

8　「キリストの受難と反キリスト」（1521 年）より

9　同上

れを天上の雲の中から天使たちが出迎えている。遙か下方にはヴァルトブルクを思わせる古城が森に囲まれて立っている！

こうしてクラーナハは、ルター以上にラディカルに磨き上げた絵画的言語で教皇制批判を表現した。いずれの絵も、まことに自由奔放に生き生きと描かれている。刷り上がったばかりの一冊はヴァルトブルクにも送られた。それを手にしたルターは大いに満足したらしい。メランヒトン宛ての手紙には「素晴らしく気に入った」と伝えているのだから。この木版画は、宗教改革初期においてもっとも民衆的なプロパガンダ文書だったと言うことができるだろう。

このシリーズにあらわれる論争的な意志の強さには、いささか《冷酷すぎるアイロニー》（A・セントグラーフ）が混在していることは否定できない。九月版聖書の挿絵とともに、全体としてみればデューラーの『黙示録』の雄大な構想にたいして芸術的な高さにおいて及ばないことは明らかだった。しかし、ウォルムス帝国議会後の激動の時代の只中に投じられた社会的影響力という点では、デューラーをはるかに凌駕していた。その絶大な反響のほどは、この匿名の版画が同じ年にくり返し重版されたことでも明らかである。こうしてクラーナハ工房から次々と繰り出される風刺的なパンフレット類も、教皇制を笑いものにして批判するのをやめようとはしなかった。

むろん、これに対抗して、カトリック教会側からも、ルターを多頭の怪物や悪魔になぞらえた風刺画まで出現した。それ以後、広く海外にも展開されることになったカトリック改革の運動は、全体としてみれば、同じような対抗的意図に貫かれていた。カトリック教会の勝利を謳歌するバロック様式の華麗な会堂建築、その内部の天井画まで飾り立てたルーベンスに代表されるフレスコ画などなど。じっさい、《プロパガンダ》という用語は、当時の教皇庁のレッテル貼りに由来するものだという指摘さえある（M・コッホ「モデルとしての信仰闘争」一九九〇年）。

4　宣教的画像

クラーナハの信仰は、教皇制批判のネガティヴな芸術においてだけでなく、むしろ、宗教改革を弁護するポジティヴな芸術の中に、いっそう力強くあらわれていた。そのためとり上げられたのは、福音主義的に解釈された聖句や聖書的シーン、さらにアレゴリーなどの絵画的表現である。

10　「子どもたちの友キリスト」（1538 年）

たとえば『子どもたちの友キリスト』（一五三八年）というクラーナハの絵がある（**図10**）。このテーマは宗教改革以前にはあまりみられないもので、クラーナハ自身の着想による新しい創作と考えられている。ルターの希望に従い、この絵には、引用聖句（マルコ一〇・一三）による説明もつけられていた。キリストは御許に近づいてくる母親たちの抱く幼児に手を伸ばし、祝福をあたえている。どの幼な子も手足を躍動させ、この絵を目にした者は、みな自然に微

11　マルティン・ルターとカタリーナ（1525 年）

笑せざるをえなくなるだろう。

　このテーマは、ルター主義教会の立場からは重要な意味をもっていた。すなわち、一方では、それは、幼児洗礼に否定的な再洗礼派に反対する聖書的根拠を示すものと解釈された。他方ではまた、それは、神の恵みによる信仰義認というルターの主張を目に見える形で示すものでもあった。「神の国はこのような者たちのものである」というキリストのことばに従うなら、業績によって救われるという教理は根拠を失うであろう。幼児は、何らの業績ももたない存在であり、信仰をただ神の恵みとしてのみ示すことができるだけだから。

　この幼児たちのキリストにたいする愛の表情とは対照的に、クラーナハは、弟子たちの懐疑的で不機嫌な顔を描いている。この主題は、クラーナハの作品の中で、さまざまのバリエーションを加えて、くり返し扱われている。そのことは、ルター自身の結婚観や家庭生活にたいする基本的に肯定的態度にもつながることを暗示するものとみることもできる。

　ルターが一五二五年に修道女カタリーナ・フォン・ボラと結婚したことは、当時としてはスキャンダラスな事件ともなりうる重大な出来事だった。秘密裏に進められた結婚式の立会人になったのはクラーナハなど少数の者だけで、親しい盟友メランヒトンさえ招かれなかった。このとき、クラーナハは、《対》になった二人の肖像画を描いている（**図11**）。それは、当時の改革運動の中で修道士の独身誓約制を批判する上で大きな効果を発揮したらしい。この《対》の画像は、その後、しばしば注文を受けてベストセラーになったという。宗教改革の基礎的条件が確立された一五三〇年代以後には、このカタリーナ像が制作されていないことは、そうしたメディア戦略の意図を反証するものかもしれない。

しかし、クラーナハの後世にたいする最大の遺産は、彼が共に生きた同時代の宗教改革者たちの多くの肖像を描いていることであろう。

盟友メランヒトンの肖像画は、デューラーのものも残っているとはいえ、やはりすぐれた遺産の一つに数えられるであろう。クラーナハのメランヒトンは、繊細な感受性に富むフマニストとしてよりも、むしろ、忠実な教会の教師を思わせる。それは、当時、一五四〇年代に入って、すでに宗教改革の運動がしだいにとりはじめた教理的体系化への志向を暗示しているかにもみえる。そのほか、ヴィッテンベルクの牧師ブーゲンハーゲン、さらに宗教改革の保護者となった歴代の選帝侯たちの肖像画なども、すぐれた時代史的証言である。

最後に、クラーナハをめぐる注目すべき二つの《祭壇画》についても触れておこう。中世の多くの祭壇画は、読み書きのできない多くの民衆にたいして視覚的に神の言葉を伝達する《貧者の聖書》として、説教の役割を果たしてきたものである。

ヴィッテンベルクの市教会《シュタットキルヒェ》には有名な《宗教改革の祭壇画》がある（**図12**）。この教会は、ル

12　宗教改革の祭壇画（1547 年）

ターが生涯を通じて多くの説教をした場所として知られている。彼が一五二五年にカタリーナと結婚式をあげたのも、この教会である。ヴィッテンベルクでもっとも古いこの教会堂が、主として贖宥状の売上金によって建築されたというのも、歴史のアイロニーの一つであろう。この教会堂正面にはクラーナハ父子による両開きの祭壇画（一五四七年）がある。中央の絵のみが父のもので、両翼と下の飾台の絵は子の作だとも言われている。

中央の大きな《聖餐》図では、十二弟子たちの一人――おそらくクラーナハの子ルーカス――に盃を渡している若い《郷士イェルク》、すなわち、ルターその人を認めることができる。左側の翼板の絵ではメランヒトンが洗礼を授け、右側の翼板の絵ではブーゲンハーゲンが《鍵の職務》を行使している。つまり、罪を告白する者にたいして天国の門を開くという姿を表わしているのである。さらに聖餐図の下の《台座》の絵は、福音の宣教と教

13　説教者ルター

会の結集を主題としている。

そこでは、ルター自身は講壇から半身を乗り出し、右手で中央に立つ十字架のキリストを指差し、左手は開かれた聖書を示している（図13）。これは、おそらくルターの生前における最後の肖像ではないかとも言われている。ルターの姿には、福音の道を備えるもの、すなわち、洗礼者コハネを思わせるものがある。イエスの下肢で激しく揺れ動く白い腰布は、イエスの生と死の現在的同時性を訴えるルターの説教の力強さを暗示しているかのようだ。こうして、クラーナハは、原始キリスト教の時代と宗教改革の時代とのあいだに橋を架け、ルターに続く者として福音を宣教すべき説教者の職務を明示した（C・ヴァイマー『ルター、クラーナハと絵画』一九九九年）。

ルターに向きあった聴衆の中には、多くの同時代の人びと、白髪のクラーナハやルターの妻カタリーナ、息子ハンスのほか、クラーナハの妻や家族、友人たちの顔も見える。この祭壇画は全体として、宗教改革から生まれた根本的教理、すなわち、福音の宣教と聖礼典の執行とに立つ福音主義教会という信条を表現しているのである。

一五四六年二月にルターが故郷の町アイスレーベンで急死したとき、その姿を描きとめるため直ちに二人の画家が派遣された。それは、ルターの死が恐ろしく苦痛にみちたものになるだろうと、つとにカトリック側から喧伝されていたからだという。素描の一つはクラーナハ工房に持ち込まれ、それにもとづいて公式の死の肖像画が制作された。死の床に横たわるルターの平和な表情は、彼が良心のもだえなく宗教改革の正当性を確信しながら安らかに永眠したことを証言するものとなった。

5　クラーナハの墓碑銘

宗教改革をめぐるカトリックとの抗争は、軍事的対決によって決着をつけられるにいたった。その結果として、一五四七年五月には皇帝カール五世の軍隊がヴィッテンベルクに入城してきた。シュマルカルデン同盟に加わった宗教改革派諸侯の連合軍は、ミュールベルクで一敗地にまみれ、選帝侯ヨーハン・フリードリヒも皇帝軍の捕虜となった。

プロテスタント弾圧者として名高いスペイン軍司令官アルバ公は、ヴィッテンベルクの城館付属教会の中にあるルターの墓の傍に立って、彼を生け捕りにできなかったことを大いに遺憾としたという。市教会に踏み込んできたスペイン軍の騎士の一人は、祭壇画の《台座》に描かれているルターの説教像に帯剣の切っ先を突き立てた。彼らの憤怒と偏狭さは、現在もなお、ルター像の首すじに残された傷跡に見てとることができる。

この動乱の日々、すでに七八歳になっていたルーカス・クラーナハも、皇帝の天幕に召喚された。すでに頭髪も真白になっていた老画家は、カトリック的世界帝国の支配者の前に跪かなければならなかった。しかし、このとき、皇帝は、画家に向かって親しく呼びかけた。何か自分にかなえてほしい願いをもっているか、と。というのは、――皇帝はさらにこう付言する――自分は一五〇八年にゲントでクラーナハから描いてもらった幼い日の自分の肖像画にたいしてお礼をしたいのだ、と。

　その当時、カールはまだ八歳の子どもだったが、皇帝だった祖父のマクシミリアン一世に手をとられて、臣下の貴族や市民たちが皇帝に拝謁する儀礼に立ち会っていたのであった。皇帝は語りつづける。そのとき描いてもらった肖像画は、いつも、旅の途上においても携えてきたものだ。しかし、八歳の自分がクラーナハの前にいたことは覚えていない。どんな具合だったか、その時の様子を教えてほしいのだ、と。

　老画家は、皇帝の幼い孫がたえずあちこちに視線を向けて動き止まない姿をとらえるために、どのようにして静かにさせたかについて物語る。クラーナハは、壁に投擲用の武器を固定して、子どもの好奇心を一点に集中させ、それによって肖像画を描き終えることができたのであった。

　このときの二人の会見について、これ以上のことは何も伝えられていない。ただ伝説によれば、このときカール五世のうながしに答えて、クラーナハは、彼の仕える選帝侯の釈放を願い出た。しかし、それは、かなえられない願いであった。皇帝は老画家に立ち上がるように命じ、拝謁は終わりを告げた。そのとき、皇帝は、もう一度、かなえてほしい何か別の願いごとはないか、と問いかけた。長く考えることなく、クラーナハは答える。「虜囚となっておられる選帝侯に私が付き従っていくことを許して下さるように望みます」と。

この忠実な宮廷画家は、じじつ、その後、一五五〇年には、なお虜囚の身分だった選帝侯の求めに応じてアウクスブルク、さらにインスブルックにまで付き従っていった。敗残の選帝侯に仕えて、侯のために絵の制作をつづけたのだ。彼は一五五二年にようやく釈放されたヨーハン・フリードリヒとともにヴァイマルに移住し、その翌年、八一歳で亡くなった。

＊

ルターとクラーナハの親しい関係は、クラーナハの没後、二人をともに描いたヴァイマルの市教会《シュタットキルヒェ》の大祭壇画（一五五五年）においてようやく図像化された。クラーナハ工房の多くの他の作品と同じく、それを制作するにあたって多くの協力者の手が加わっていたことは明らかである。この祭壇画のどの部分が、一五五二年になおヴァイマルに生きていた父クラーナハ自身の着想にもとづくものか、どの部分が息子ルーカスその他の人の手になるものか確定的に言うことはできないだろう。しかし、息子ルーカスの手によって完成したこの祭壇画には、父クラーナハ自身の信仰告白がはっきり刻印されているとみても誤りではないであろう（S・ポッペ『聖書と絵画――宗教改革の絵画工房クラーナハ一門』二〇一〇年）。

祭壇画の中央図にはキリストの十字架像が中心におかれ、その左側には十字架のキリストと等身大の復活したキリストが悪魔と闘う力強い救済者として描かれている。右側には並んで立った洗礼者ヨハネとルターとのあいだに父ルーカス・クラーナハの姿が描かれている。『堕罪と救済』

と題されるこの祭壇画は、注目すべき特徴をもっている（**口絵1**）。

これまでこの主題に関するイコノグラフィーの伝統では、イエスの脇腹から迸り出る鮮血は、《教会》を象徴する画像によって受けとめられるように描かれてきた。クラーナハの場合には、原罪を犯した人間アダムが十字架を前にして悔い改めているその頭上にイエスの鮮血がふり注ぐ姿で描かれていた。しかし、この祭壇画では、両手を合わせて祈る画家クラーナハその人の頭上にイエスの鮮血が注がれているのだ！　恩寵を媒介する教会という伝来的な秩序を突破して、キリストの恵みは、いわば《上から》直接的に信ずる者の現実となるとされているのだ。

この絵は、クラーナハが宗教改革的なキリスト論、すなわち、ルター的な《私にとって》という主体的な十字架信仰に固く立っていたことを明確に証言している。じっさい、画面でクラーナハの横に並んで立っているルターの指先は、開かれた聖書の中の一節を差し示している。すなわち、「私たちは御子イエスの血によってあらゆる罪から清められています」（ヨハネの第一の手紙一・七）。

これは、宗教改革の運動にその半生を献げた父ルーカスを記念するために、子ルーカスが刻んだ墓碑銘と言ってよいのではなかろうか。

4 アルブレヒト・デューラーと宗教改革

『黙示録』版画集と『四人の使徒』

1 宗教改革前夜

ドイツ宗教改革の時代に生きたデューラーの作品は、五〇〇年後の今日でも、なお力強く語りかけてくる迫力をもっている。聖書的なテーマをもった彼の作品には、確信に満ちたキリスト教信仰が、よくあらわれている。しかし、その成立が時代的に制約された中世末期から近世初頭の表象と結びついていたことは当然だろう。

デューラーは、当時の芸術家たちの中で、かなりの量にのぼる文章を残した一人である。それは、日記、詩、書簡、芸術論などから成っている。これらを通して、デューラーの精神形成史、とくに彼が多大の神学的関心をもち、時代の宗教問題に熱心に関わっていたことが分かる。彼は宗教的敬虔に富む父母の家庭教育のもとに成長したことを深い感謝とともに回顧している。（デューラー『著作と書簡』レクラム文庫、一九八七年）。

画家を志すようになってのち、デューラーは、徒弟としての遍歴時代（一四九〇年―九四年）をライン上流地方、シュトラースブルクからコルマール、バーゼルの辺りで過ごしている。この地方は、中世以来、神秘主義の中心地として知られたところである。そこでは、内的敬虔を重んじ、制度教会や聖職者の階層秩序から自由になる傾向が拡がっていた。こうした宗教運動が中世都市の内部における市民の自立化と並行して盛んになったのは偶然ではない。デューラーは、結婚前後に、たびたびイタリアへの旅を試みている。その主たる滞在場所がヴェネツィアという長い反教皇闘争の拠点だったことも見逃されてはならないだろう。この都市では、異端の疑いをもたれた書物や黙示文学、サヴォナローラの改革文書などが印刷されていた。

イタリア旅行を通して、デューラーが古代学芸と出会い、ルネサンス・ヒューマニズムの代表者と出会ったことは重要である。しかし、イタリアにおける改革神学との出会いも――デューラー文書での証拠はないとはいえ――軽視してはならないだろう。サヴォナローラによる終末的な神の怒りと悔い改めを求める説教、教会が原始キリスト教の単純な姿に復帰すべきだという挑発的な訴えなどは――若いミケランジェロに衝撃をあたえ、後に有名なシスティーナ礼拝堂の『最後の審判』にも反映している――デューラーの心をもとらえたにちがいない。

ヴェネツィアからの帰郷後、デューラーは、多くの木版画、銅版画のすぐれた制作を通して急速に著名な存在となっていった。版画芸術は一般に《市民的》性格をもっている。油絵は一回的なもので、その影響範囲は相対的に限られている。これに反して、版画は複製が可能であり、多くの人びとの手に渡ることができる。とくに木版画は、下層の人びとも容易に入手しうるところから、民衆的敬虔を広く伝達することに貢献した（H・ヴェントラント『ドイツの木版画』一九八〇年）。

たとえば、デューラーを著名にした『キリストの受難』の大小の木版画は、当時の私的な宗教的黙想の要求に応えるものをもち、信仰の個人主義化の傾向と対応していた。キリストの受難を深く静思してキリストと交わる体験には、すでに宗教改革的契機が宿されていたと言えるだろう。なぜなら、こうした個人的敬虔に養われた信仰形態では、制度教会の階層的秩序や聖職者のもつ役割は相対的に限られていたのだから。

2　『黙示録』版画集の世界

デューラー版画の代表作『黙示録』（一四九八年）についても、同じことを指摘できるだろう。当時、ルター自身もふくめて、多くの人びとが一六世紀という新世紀の到来によって時が満ちると信じ、世界の滅亡の間近いことを予感していた。彼らは、「時が迫っている」（ヨハネ黙示録一・三）という聖書の古い預言の言葉を想起して、伝来的秩序の崩壊と根底的な社会的転換が起こるのではないかと期待していた。注意深く観察すれば、デューラー版画には、こうした当時のカトリック教会の欠陥にたいする批判のみではなく、時代全体にたいする変革意識も萌芽的に存在していることに気づかされる。

デューラーは、一五枚の木版画をふくむ『黙示録』をドイツ語とラテン語で同時に出版した。

誰からの依頼も受けないで彼自身の発意と経済的負担にもとづくものであった。それは、少なくとも二年にわたる歳月をかけた――彼の手になる他のいずれの大作よりも長期にわたる――創作的エネルギーを必要としていた。そこには、彼の遍歴時代に蓄積した経験や思想が集大成され、時代の要請に応えようとする芸術家としての使命感が表現されている。

その場合、デューラーは、油絵や一枚刷りの版画という形式ではなく、黙示録テキストの独自な解釈にもとづく挿絵本＝版画集形式の《書物》として構想した。すなわち、文字のみで黙示録の預言を読み通すだけでなく、連続した挿絵でも、その世界の出来事を具象的にイメージしながら辿りうる黙示録世界へのユニークな手引きが提示されたのである。

1　大天使ミカエルと竜の闘い

「デューラーの造形言語は、荒々しく情熱的な表現力と燃え上がるパトスとを備えている。作品の何点かに、戦いの太刀音と責め苦にあえぐ恐怖の叫びとが満ちている。……すべてが争乱であり躍動である。その傍らで、まるで世界が恐怖の前に息を呑んだかのように、どよめきをはらんだ静寂が広がっている」（F・ヴィンツィンガー『デューラー』前川・永井共訳、グラフ社）。その代表的な場面として「大天使ミカエルと竜の闘い」（黙示録一二・七―九）を取り上げてみよう（**図1**）。

天上の世界と地上の世界

画面のほぼ四分の三は、どよめくような激闘に占められ、その重圧のため画面には残された余白がないほどである。だが、天上における天使と竜のゴチャゴチャとした絡み合いに目を奪われなければ、画面下にわずかに開かれた空間の中に、親しみ深い大地のすがたを見下ろすことができる。ミカエルの闘いは、運動方向を異にする他の三人の天使たちにも助けられている。しかし、主役としてのミカエルの演ずる役割には変わりがない。それは、ミカエルの聖なる姿が暗い背景からくっきりと浮かび上がる造形そのものによって示されている。

しかし、天使たちは、彼らの側の圧倒的な優越性や勝利の確信にもとづいて、いわば余裕綽々と闘っているのではない。それは、多頭の怪物にたいして全力を集中することを求められた、生死を賭する厳しい真剣な闘いだったのだ。デューラーの『黙示録』と同じ頃（一五〇〇年前後）に、若き日のラファエロも「竜を殺害する聖ミカエル」という油彩画を描いていた。しかし、そこでは――デューラーとは対照的に――ミカエルは意気揚々とした勝利者として表現されていた。

デューラーのミカエルは、その力強い翼を大きく広げ、長い槍の上部を両手で握り、膝をかがめ力を込めて《最後の》一突きを竜の喉に加えている。それは、サタンを天から追放する終末の闘いを先取りした闘いであり、悪にたいする善なる力の最後の勝利を象徴するものだった。ここではデューラーが、天使による闘いと天上における「居場所がなくなった」竜という黙示録テキスト（一二・八）を、中世後期に生み出された《堕天使》伝説のイメージに従って造形しているのだ、という解釈もある（J・モニハン－シェーハー『時代史に映し出された黙示録一二章』（二〇〇五年）。

ただ、デューラーの怪物には、矮小化した奇形の翼のほかには、およそ天上的な由来を示すしるしは何も見あたらない。それでも――聖書テキストそのものからは不可能なのだが――デューラーにおいては、天上の出来事と地上の世界とが同時に示され、闘うミカエルの前景として遙かに下界の風景が描かれていることは示唆的である。そこには、明るく輝く太陽の光の下に、遠くの山岳や森に囲まれた小さな町、海上の船など、平和な風景が広がっている。すなわち、黙示録の出来事は、世界史とは関わりのない迂遠な物語なのではない。それは、現実の人間社会にたいして重要な意味をもつことを忘れてはならないのだ。

そうした関連において興味深いのは、「ミカエルの闘い」に先立つ黙示録テキスト（一二・一―六）に登場している「太陽の女と七頭の竜」である（**図2**）。黙示録によれば、天にあらわれた「大きなしるし」として、「身に太陽をまとい、月を足の下にし、頭には十二の冠をかぶった」一人の「身ごもった」女が出現し、産みの苦しみの叫び声をあげていると記されている。よく知られているように、この《太陽をまとった女》は、すでに教父の時代以来、キリストの母マリアと同定されてきたものである。

2　太陽の女と七頭の竜

竜は、この女の前に立ちはだかり、生まれ

る子を食べてしまおうと、女を地の果てまで追いかけていく。この「竜の尾は、天の星の三分一を掃き寄せて、地上に投げつける」ほどの怪力をもっている（黙示録一二・四）。竜は「七つの頭と十本の角」をもち、頭上には「七つの冠」をかぶっている。それは、よく知られているように、七つの丘をもつ都市ローマの隠喩であり、黙示録を記したヨハネは、当時のドミティアヌス帝治下のローマ帝国を意味させていたのである。

デューラーは、黙示録テキストの示す竜の特徴については「角」も「冠」も「尾」の動きも正確に描いている。にもかかわらず、竜の存在自体は、あくまでも大地に足をつけた《地上的》怪物として表現しているのである。その口からは――聖書テキストとは異なるが――大量の水を吐き出している。しかし、それは女の足もとまでは届かず、空しく地面の表を流れ去るだけである。

デューラーは、黙示録の預言を彼自身の生きていた時代に移し替えて、当時のローマ教皇庁の支配を暗示しようとしていたのだ。口から吐きだすこの大量の水とは、よどみなく流れ出る長広舌のことであり、それが聞き手の心をとらえることのできない饒舌にすぎないことを意味している。すなわち、よどみなく吐きだす口は一種の奇形なのであり、割れた＝二枚の舌をもっている。その語るところは《二枚舌》から生まれた虚言にすぎない（A・ペリッヒ『アルブレヒト・デューラー』一九八七年）。

バビロンの大淫婦

こうした暗示的な時代批判は、これらの場面の後に出てくる「バビロンの大淫婦」においては、いっそう明確に示されている（**図3**）。ここでは、デューラーは、黙示録一七章、一八章、さらに一九章一節以下のさまざまの場面を一枚に組み合わせて描いている。有名な美術史家ハインリヒ・ヴェルフリンは、この場面こそデューラーを特別に惹きつけ、『黙示録』版画集の制作に着手させたのではないかと推定しているほどである（『アルブレヒト・デューラーの芸術』第三版、一九一九年）。

右側前景には「水の上に座っている大淫婦」（黙示録一七・一）が豊かな髪を垂らした肩もあらわに、ヴェネツィア風の華やかな衣装をまとい、手には「金の杯」をもって登場する。この杯がニュルンベルクの著名なブランド製品の形を模していると言われているのも面白い。この大淫婦は、「七つの頭と一〇本の角」（黙示録一七・三）をもつ龍の上に座している。

3　バビロンの大淫婦

背景に流れる大きな河は、城壁に囲まれた大きな都市の傍らを過ぎて左折し、遠くには大きな帆船を浮かべる海に開かれ、はるかにアルプス風の山脈の連なるのが望見される。この河は明らかに地中海に注ぐティベル河であり、この大都市は永遠の都ローマなのだ。しかし、いまやこの「強大な都バビロン」（黙示録一八・一〇）が終わりの日を迎えたことが劇的に表現されている。都市の中の家々のあいだからは火炎が噴き上がり、もうもうたる煙の柱が天にまで達している。

このような背景の下に描かれたデューラーの「大淫婦」が、これまで、彼の生きていた当時の教皇庁を象徴するものと解釈されてきたのは当然だろう。しかし、彼女が頭にいただく冠の飾輪が教皇の三重冠かどうかは確実ではない。たとえば一五二二年刊のルター訳九月版聖書の木版画（クラーナハ工房制作）では、バビロンの大淫婦は、はっきり三重冠をかぶり、教皇を《反キリスト》として表現するものだった。『黙示録』版画におけるデューラーは、まだそこまで踏み込んではいないようだ。

画面の前景左下をみると、淫婦の前に、あらゆる階級の人びと、宗教的・世俗的身分の人びとが集合している。彼らの前には、トルコ風の衣装を身につけた支配層に属する一人の人物が、あたかも仲介者のように右手で大淫婦の方を指さしている。しかし、多くの人びとは、まだ何かを待ちうけるかのように、ためらいがちに眺めるだけである。大淫婦に向かって拝跪しているのは、ただ一人やせこけた修道僧（尼）のみである。

画面左上には、「天が開かれ」（黙示録一九・一一）、雲によって作られた隘路を通り、「鋭い剣」――「神の言葉」を意味するものであろう――を振りかざした《白馬の騎士》を先頭にして「天の軍勢」が陸続と従っている。黙示録テキスト（一九・一四）では、彼らは「白く清い麻の布」を身にまとっている、と記されている。しかし、デューラーは、そうした装いに代えて、数限りなく重なりあった多くの頭巾や帽子、胴着などを描き込んでいるのである。彼らの中には、やつれ果てた顔も見える。これらの人びとは、「王の王、主の主」（黙示録一九・一六）＝「イエス・キリストは主なり」という信仰告白のゆえに殉教した民なのだ。

注目すべき点は、この画面においては、何らの闘争も描かれていないことである。これまで見てきた場面とは異なり、ここでの竜は、向かい合う人びとにたいして何ら粗暴な気配を見せていない。こうしておとなしそうな様子をした竜も、汚れに満ちた「金の杯」を見せつけがましく手にする「大淫婦」も、あきらかに《誘惑者》として振る舞っているのだ。しかし、そうした企ては無益である！　彼らの頭上で翼を広げた天使の一人は、《バビロンの滅亡》を象徴する「大きいひき臼のような石」（黙示録一八・二一）を抱きあげ、まさに海に投げ込もうとしている。別の天使は両手を広げ、その左手は炎上している永遠の都ローマを指差し、さらに民衆に向かって差し伸べた右手で、この決定的な事実に注目するように呼びかけている。神の勝利はすでに確実であり、神に従う民は希望をもって生きることを許されているのだ！

民衆の中央に立ち、腰に手をあてて不屈な態度を示している人物は、デューラー自身の姿ではないかといわれている。いわば世俗に生きる《市民》の方が健全な判断力を保持しつづけることができているのだ。これに反して、民衆の背後で独り拝跪している修道僧の姿は、この世から離脱したはずの彼らの方こそ、かえって悪の誘惑に無抵抗なことを示している。これは、全中世を貫く教会的ドグマを逆転するものにほかならないだろう。『黙示録』版画に「ルターの深遠さと雄弁とを兼ねそなえたルター以前の説教」をみることは不可能ではない（M・ドヴォルシャック『精神史としての美術史』中村茂夫訳、岩崎美術社）。

3　改革者ルターへの関心

ルターにたいするデューラーの直接的な関心は、一五一六年にはじめて生まれた。その年の春、司教総代理シュタウピッツはニュルンベルクで説教し、人文主義的関心をもつ市民たちに、彼の弟子ルターの神学的活動を紹介した。デューラーも属するこの市民グループは、その翌年にはルターと直接に文通をはじめている。ルターが一五一七年一〇月に九十五箇条の論題《テーゼ》をヴィッテンベルクの城館付属教会の扉にかかげたとき、この行動はニュルンベルクでも大きな反響をまき起こした。同じ年の暮れには、いち早く、そのドイツ語訳がニュルンベルクで印刷された。デューラー自身の反応は、彼が版画本のいくつかをルターに贈ったことから明らかだ。デューラーの側から積極的にルターとの個人的接触を求めたことがうかがわれる。一五二〇年初め、デューラーは、ザクセン選帝侯フリードリヒの宮廷付司祭シュパラティーン宛の手紙に記している。

「もし神が私をお助け下さり、マルティーヌス・ルター博士のもとに行くことができれば、私は私を大いなる不安から救って下さったこのキリスト者を永く記憶にとどめるため、彼を丹精こめて写生し、銅版に彫りたく思います」。

この文章は、デューラーが一五二〇年以前に宗教的苦悩の中にあり、それがルターの著作によって克服されたことを証明している。彼は、文書を通してのみルターを知っていたのである。じじつ、入手しうるがぎりのルターの全著作を熱心に集めている。ルターの著作のほか、デューラーは、なおツヴィングリの教えからも学び、チューリヒへの旅行の折りに彼と個人的に知り合っている。

一五二〇年夏には、ネーデルラントに向けて旅立ち、主としてアントウェルペンを中心にして一年を越える長い外遊を試みている。この旅行は、デューラーにとって、当代のもっともすぐれた芸術家として松明行列によって歓迎される栄誉にみちた旅だった。しかし、この間、時代を覆う暗雲から逃れることはできなかった。それは、ドイツに始まりネーデルラントにも波及しつつあった宗教改革と、それにたいする反対運動――ついには宗教裁判と焚殺の強行にいたる――一連の過程と関わっていた。

デューラーの旅日記は、彼がこうした時代の動き、とくにルターをめぐる事態の展開に深い関心をもっていたことを示している。同年末の日記には、「私はルターの小冊子を銀貨五枚で購入した」と記している。これは、『キリスト者の自由』のことだと思われる。すぐそのあとの日記には、「敬虔なる人ルターの有罪判決書のために銀貨一枚」とある。これは、一五二一年初頭ローマで発せられた本来の破門状に先立つ前年の破門予告の教皇教書のことであろう。

ルターは、ウォルムス帝国議会で断固として皇帝の意向をしりぞけ、四月二六日には帰途についた。彼は五月四日に選帝侯フリードリヒのはからいによって、アルテンシュタイン郊外の森の中で誘拐の形をとって、ひそかにヴァルトブルクの古城にかくまわれた。ルター襲撃のニュースは、すでに五月一七日にはアントウェルペンのデューラーのもとにも伝わっている。

デューラーは、その旅日記の中に有名な「ルター哀悼」の一文を残している。その中で、彼はルターを「キリストに従う者、真のキリスト教信仰の実践者」と規定し、ルターの受けた苦難は「キリスト教の真理のため」であり、さらに、「人間の律法を重くすることによってキリストの解放に逆らおうとする非キリスト教的教皇制を罰するため」であったと記している（デューラー、前掲書、所収）。

「おお神よ！　もしルターが死んだのなら、こののち誰がわれわれに聖なる福音をかくも明快に伝えてくれるであろうか。ああ神よ！　こののち一〇年、二〇年のうちに彼は、われわれにどれほどのものを書き残そうと願ったことであろう。おお、汝ら敬虔なすべてのキリスト者たちよ！　私がこの神の霊に満たされた人をいたく嘆くのを助けよ。われわれのために別の〔福音の〕啓発者を遣わされんことを願うのを助けよ。おおロッテルダムのエラスムスよ！　汝はどこにじっとしているつもりか。見よ、この世の権力と暗黒の力との不正な暴政に何ができようか。聞け、汝キリストの騎士よ！　主なるキリストの御傍に駒を進めて、真理を守り、殉教者たちの冠を手に入れよ！」。

この切々たる訴えには、デューラーの宗教改革にたいする信仰告白が表明されている。疑いもなく、彼はルターの運命に切実な憂慮をいだいている。しかし、彼にとって究極的に問題なのは、たんにルターその人のことだけではない。むしろ、ルターに代表される福音の事柄にほかならなかった。ここでデューラーは、ネーデルラント旅行で出会ったエラスムスに希望をつないでいる。しかし、この万事に慎重な人文主義者は、同じ年の秋、ひそかに騎士に変装して宗教紛争から遠いバーゼルに旅立った。

4 『四人の使徒』の信仰告白

デューラーは、ニュルンベルク市参事会の中で、勇敢に宗教改革を推進するメンバーの一人であった。一五二五年春には、公的にローマ教会から決別してニュルンベルクの教会生活全体を――教理から礼拝にいたるまで――福音主義的に新しく編成変えすることになった。こうした改革は保守派側からの反対を呼び、大きな緊張と不安とを生むことになった。じじつ、当時の状況は、まことに激動的であった。宗教改革に加えて、農民戦争、再洗礼派、さらに聖像破壊の運動がつづき、また改革派内部においてもツヴィングリの教説をめぐる聖餐論争が行なわれた。トーマス・ミュンツァーがニュルンベルクにもあらわれ、熱狂主義の教説がデューラー自身の徒弟たちをも巻きこむにいたった。

こうした中で、デューラーは、ほぼ一貫してルターの立場を支持している。しかし、聖餐論においてはツヴィングリの立場に近かったようだ。逆に聖像破壊には失望を禁じえなかったが、農民たちの要求には同情的だった。熱狂主義的異端は拒否しつつ、彼らの社会的関心を共有している。つまり、デューラーは、改革運動の展開の中で、特定のリーダーに一体化して追随したのではなく、独自の信仰的＝神学的立場を貫いていることがわかる。

この年六月のある夜、彼は大水が天から降ってくるこの世の終末の悪夢をみた。彼は、それを『大水の幻想』として水彩画に描き、その「覚書」の最後に、「神が万事を最善に変えたまわんことを」と記している。こうした中で完成したのがデューラーの最後の大作『四人の使徒』（一五二六年）である。それは、同時代の宗教闘争における彼の個人的態度決定を表明したものであった。デューラーは、この絵に、次のような献呈の辞を添えて故郷の都市ニュルンベルク市参事会に寄贈した。

「世のすべての統治者たちよ、この危険な時代にあたり、人の惑わしを神の御言葉ととることのないよう、よく注意せよ」と。彼が世俗の統治者の責任として、しばしば口にされる《教会の保護》の代わりに「神の御言葉」を守る義務を訴えていることは示唆的である。《神の言葉》こそ、ルター以来、宗教改革の神学にとって中心的な概念にほかならなかったのだから。さらに彼は、ルター訳の九月版聖書からペトロ、ヨハネ、パウロおよびマルコからの聖句を引き、偽預言者や誤った宗教的指導者たちの到来とその災いについて警告している。

『四人の使徒』は、現在、ミュンヘンのアルテ・ピナコテークに収蔵されている。大きな画像を前にすると、等身大をはるかに越える人物像の大きさ、とくにその前景の二人の着衣の重量感に圧倒される（**口絵2**）。この四人の画像について時に言及される人間の《四気質》などの問題は、第一義的な事柄でなかったことは確かだろう。デューラーにとっては、熱狂主義的異端から《正しい》福音を守ることこそ切実な願いだったのだから。

ヨハネ・パウロ・ペトロ

作品左側の絵を一瞥すると、伝統的なペトロとパウロという使徒の組み合わせが変えられている。ペトロはヨハネと組み合わされ、この変更とともに《教会の岩》としてのペトロ像も修正される。なるほど、彼は象徴的に鍵を手にしてはいるが、後景に退けられ、わずかに顔だけをみせている。ヨハネが手にもつ聖書は開かれており、ペトロはそれをのぞきこんでいる。彼は、ふたたび神の御言葉を学び直さなければならないのだ。このペトロの位置づけには、古い制度教会の階層秩序からの明白な決別があらわれている。

これに反して、ヨハネの姿は緋色のマントに覆われ、大きく力強い印象をあたえる。彼は、右側の絵のパウロと釣り合う優越的な位置を占めている。これは、ルター神学におけるヨハネ福音書の重要性に対応している。ルターは『新約聖書への序言』（一五二二年）で、ヨハネによる福音書とパウロ書簡の重要性を強調し、それを「日毎の食物のように熟読すべきこと」をすすめていたのだ。

右側の絵に移ってみよう。使徒の中にマルコが登場するのは、キリスト教図像学としては珍しいケースである。これは、『四人の使徒』の絵が全体として《十二弟子の派遣》を主題としていたことと関係がある、と指摘されている（前川誠郎『デューラー』岩崎美術社）。マルコによる福音書（六・七―九）では、イエスが弟子の派遣にあたって、二人ずつ組ませ、サンダルだけをはいて出掛けることが命じられている（使徒たちの足もとに注意！）。マルコの姿は、パウロによって――ペトロの場合以上に――ほとんど覆われている。パウロの神学こそ、福音的信仰の新しい発見に通ずる宗教改革の原点だったのだから。

パウロは、新約聖書における書簡の語るように、情熱的な、かつ不屈の信仰の闘士だった。デ

4 「四人の使徒」より

ューラーのこの絵では、パウロは青い陰影のひだをもつ乳白色の衣をまとい、それだけ厳しさと決意とを強く印象づける。ここには、何ら弱々しいものは感じられない。ヨハネとは異なり、パウロの手にもつ大きな聖書は閉じられている。彼は聖書を読むのではなく、それを守ろうとしているのだ。それゆえ、片方の別の手には剣の柄が握られている。

ヴェルフリンは、前掲の『アルブレヒト・デューラーの芸術』の中で、このパウロの鋭い眼光――この絵をみるわれわれの方に向けられている――に注意するようながしている（図4）。そこには、「新しい聖者の概念」、いな、「新しい人間の偉大さの概念」があらわれたと言い、「このような人たちによって宗教改革の事業は成しとげられたのである」と断じている。

デューラーの有名な版画『騎士と死と悪魔』（一五一三年）に描かれた「騎士」は、ウォルムスに向かって進む《ルター以前のルター》を象徴するものだと言われてきた（図5）。これと対比して『四人の使徒』の「パウロ」像は、まさに宗教改革を闘う《ルターその人の理想像》にも比すことができる、とさえ指摘する意見もある（H・プロイス『美術に反映されたドイツの信仰的敬虔』一九二六年）。

この「パウロ」にたいして、「ヨハネ」像がルターの協力者フィーリプ・メランヒトンの頭部

5　「騎士と死と悪魔」（1513年）

を直接のモデルにしていると、しばしば指摘されるのも興味深い。このヨハネとパウロとは、いわば宗教改革の理想とするキリスト教的生活の二つの側面をあらわしているということもできる。一方は、不断の聖書の学びを、他方は不屈の闘いの決意を代表している。いずれも全人格的な献身を不可欠とするのであり、それゆえ大きな力づよい姿で表現されているのだ。

　それと同時に、ここには、デューラーの宗教改革思想のもつ特質が反映されているとみることができるかもしれない。デューラーは、『四人の使徒』の献辞において、パウロ書簡からの引用のためにテモテへの第二の手紙（三・一以下）における倫理的な文章を用いている。信仰義認論という宗教改革神学の中核的思想からすれば、たとえばローマの信徒への手紙一章一七節のようなテキストが引かれるのがふさわしく思われるだろう。しかし、あえてこの建徳的勧告をデューラーが選んだことには、彼が完全な生活の実現を求める人文主義的関心に規定されていたことを示しているのかもしれない（G・

ヴィーダーアンダース『アルブレヒト・デューラーの神学思想』一九七八年）。

人文主義的関心

そうした背景として、デューラーの芸術にたいしてルネサンス・ヒューマニズムのもつ重要性に改めて注目しなければならないだろう。しかも、その影響は、芸術形式の側面にとどまらず、いっそう深く思想内容の面でも認められる。たとえばルネサンスの人文主義者たちも、また教会的＝神学的関心を抱いていた。彼らの批判は、制度教会のさまざまの弊害をはじめ、行きすぎた聖者崇拝、礼拝秩序、スコラ的詭弁《ソフィズム》にまで及ぶものであった。それは、ロイヒリンからエラスムスにいたるまで共通している。なかんずく彼らが教会内革新として求めたのは、原始キリスト教的な単純さであり、聖書の原典研究にほかならなかった。

こうした神学的努力は、デューラーの志向に、あきらかに刺激をあたえている。しかし、そればかりでなく、人文主義者たちの完全な生活を追求する実践的＝倫理的努力も、またデューラーの関心に強く触れるものをもっていたようだ。デューラーの詩の幾つかは、人間が正しい教育によって正しい道に導かれ、理性と熟慮によって神に喜ばれる生活を送りうるという、人文主義者の道徳論の影響を、はっきり示している。

しかし、こうしたヒューマニズム的倫理観は、デューラーにおいて、同時に人間の罪性の認識と結びついていたことも見逃してはならない。彼は、正しい罪の認識と罪の克服とがあたえられるようにキリストに願い求める別の詩を残している。ここには、キリストの助けなしには人間がその目標に到達しえないという自覚がある。こうしたデューラーのキリストにたいする関わり方は、どこまで徹底していたのか。彼は、その詩にたいする序言ともいえる文章で、こう記している。

「永遠に生きることを願ういずれの魂も、イエス・キリストにおいて生気をあたえられる。イエス・キリストは、一つの人格において二つの実体からなり、神にして人間である。これは、恩恵によって信仰されうるのであり、自然的理性によってはけっして理解されないであろう」。

ここには、デューラーが古代教会以来のキリスト両性論の伝統に立っていることがわかる。一般に民衆的敬虔には縁遠いこのドグマに固執していることは、デューラーの神学的関心のほどを証明している。しかし、この信仰が神の恩恵の賜物であるという理解は、すでに宗教改革的な《恩恵のみ》を思わせるものであろう。

6　「メランヒトン像」

その意味では、この『四人の使徒』の代表的人物にルターと並んでメランヒトンの象徴をみるのは、はなはだ暗示的である。ニュルンベルクにおける人文主義的ギムナジウムの創設は、メランヒトンに負うものだった。デューラーは、この町の人文主義的市民グループの人びとともに、メランヒトンと直接接触している。デューラーによるきわめて個性的なメランヒトン像は、貴重な歴史的遺産の一つである（**図6**）。彼ら市民グループを規定したのは、人文主義的刻印をあたえられたルター主義だったといってよい。

たしかに、時代的激動の中で人文主義者たちの中からは、宗教改革に背を向ける人びとも現われた。エラスムスをはじめ、ニュルンベルク市民ピルクハイマーにいたるまで。しかし、デューラーは、福音的信仰に忠実にとどまり、宗教改革にたいする当初の感激は、終生失われなかった。彼は、その切実な願いにもかかわらず、生前には直接にルターと出会うことはできなかった。デューラーの手によるルターの肖像が描かれなかったことは限りなく惜しまれる。一五二八年にデューラーが亡くなったとき、ルターは、ある人への手紙でこう記している。

「デューラーについて言えば、このすぐれた人物の死を悼むことは、おそらくわれわれにとって信仰的義務でしょう。しかし、君は、キリストが彼をかくもよく教育したまい、この浄福な死によってこの激動の時代からとり去りたもうたことを喜ぶべきでしょう」。

デューラーの妻アグネスが一五三九年に亡くなったとき、彼女は、ニュルンベルク市の金庫に預金されていた夫の遺産をヴィッテンベルク大学の神学生たちのための奨学基金として献げた。こうしてデューラーは、ドイツ・ルネサンスの偉大な画家だったのみでなく、そのすぐれた人格と作品とを通して、宗教改革の信仰の闘いに参加したのであった。

5 忘却された宗教改革期の美術から
リーメンシュナイダーとグリューネヴァルト

1 アダムとエバ――リーメンシュナイダーの世界

リーメンシュナイダーの復活

ドイツの数ある芸術家の中でも、長い間の忘却から目覚ましい復活を経験したリーメンシュナイダーのような例は、けっして多くない。一九世紀初めに不当な運命から救出されて以後、彼の作品は高いポピュラリティを集めてきた。それは、J・S・バッハ『マタイ受難曲』の復活の歴史を思わせるものがある。今日、日本でもリーメンシュナイダーの愛好者は、けっして少なくないのではなかろうか。

こうした人気の秘密が、その作品に刻まれた造形美にあることは言うまでもない。しかし、それだけではなく、その芸術の生まれた地理的条件とも関わっているようだ。彼は主として南ドイツのヴュルツブルクおよびその周辺のフランケン地方で活躍した。その作品の一部は、現在、ミユンヘンからベルリンにまで散らばっているとはいえ、その大部分は、今でもなお、世界的な観光名所の筆頭に上がる《ロマンティック街道》と呼ばれる地方に残されているのだ。リーメンシュナイダーとの出会いは、古い中世都市の面影をそのまま残すドイツの美しい風土と切り離されないのである。

リーメンシュナイダーは、一四六〇年頃、北ドイツのハイリゲンシュタットで金細工師の子として生まれ、その少年時代をハルツの山に近いオステオーデの町で過ごした。その後、一八歳になったとき、後見人だった裕福な伯父を頼ってヴュルツブルクに移ってきた。そこから当時の同業組合徒弟のしきたりに従い、シュヴァーベンやライン川上流地方の工房を遍歴して彫刻の修業に励んだ。

リーメンシュナイダーに関する最初の公文書記録は一四八三年に彼がヴュルツブルクの聖ルカ組合の徒弟として登録されたことを伝えている。その二年後には市民権とともにマイスターの資格を獲得し、自分の工房も構えることができた。まもなく彼は、天才的な彫刻家として頭角をあらわし、領主である司教や教会からも信頼され、やがて一五〇四年にはヴュルツブルクの市参事会員に加わり、一五二一―二二年には市長に選出されるまでになった。

リーメンシュナイダーは、芸術家として、また創造的な人間として、中世末期から近代初期への激動の時代に直面させられた社会問題とも関わらざるをえなかった。彼は、市参事会で貴族や聖職者にも一般市民や農民たちと同じく納税義務があることを主張したり、土地を奪われようとした貧しい羊飼いの権利保護のために奔走したこともあったという。それは、世俗の世界における彼の正義感によるだけではなく、その作品にあらわれる純粋な――宗教改革にも通ずる――神信頼にもとづくものだったに違いない。

じじつ、ルターの宗教改革運動に促されて、一五二五年にはヴュルツブルク一帯においても、過酷な司教領主の支配に反対する農民蜂起が勃発した。南ドイツの農民軍団は、結集して司教領主の居城都市ヴュルツブルクに迫り、それを防衛するマリーエンベルク城塞を包囲するにいたった。このとき、リーメンシュナイダーは、市参事会の多数のメンバーとともに、反乱農民に向けて市民軍を戦わせようと命じる司教の要求を拒絶した。

農民戦争の敗北後、リーメンシュナイダーも、一〇名の参事会員たちとともに逮捕され、二ヵ月間にわたってマリーエンベルク城塞の地下牢に拘禁された。その財産の大部分を没収されたばかりか、彼は首謀者の一人とみなされ、拷問による厳しい取り調べを受けた。刑吏による指締めの拷問によって、彼が熟練の右指と手の関節を折られたという話は真実かもしれない。

釈放後、おそらくリーメンシュナイダーは、彫刻家としては活動しえなくなっていたのであろう。心身ともに、そうした制作意欲をもちえなくなっていたのかもしれない。司教や教会から支持をあたえられなかった彼に、そもそも制作を依頼する者も出てこなかったのであろう。じじつ、一五二五年以後、彼のマイスターとしての作品は知られていない。こうしてリーメンシュナイダーは、いわばその経歴の絶頂において、歴史的転換の只中で権力の犠牲者として、社会から完全に忘却される悲劇の主人公となったのである（L・G・バッハマン『マイスター・市民・反逆者――ティルマン・リーメンシュナイダーの生涯』第五版、一九五六年）。

一八二二年にヴュルツブルク大聖堂中庭の墓地改修に際して、リーメンシュナイダーの墓碑銘が発見された。それには、一五三一年に亡くなった父のために息子イェルクによって彫られた父の肖像が、帽子をかぶり両手を合わせて祈る姿で示されていた。その下には、さらに「尊敬すべき芸術的天分豊かなりし彫刻家、ヴュルツブルク市民」という銘文も添えられていた。むろん、この銘文の起草者はイェルク本人ではない。それは、リーメンシュナイダーの芸術と人柄に高い評価をもちつづけた市民仲間の一人が、不遇の中で死んだ知友を哀惜してやまない言葉だったのだ。

この墓碑銘再発見以後、現在にいたるまで、ドイツの《後期ゴティーク》の最後の代表者リーメンシュナイダーの「純粋で素朴な美しさと深遠で高貴な感情」（C・ベッカー）を表現した作品への評価と人気は、高まりつづけてきた。彼は、去りゆく中世末期から新時代への転換の只中に立っていた。その作品は中世的シンボリズムの最後の反映であるとともに、その中にはルネサンスの新しい契機が――ゴティーク的感性の世界を完全に廃棄することなく――ためらいがちに、すでに響き始めていた。

聖血祭壇と聖母祭壇

この創造力に溢れた芸術家は、四〇年の歳月のあいだに夥しい作品を世に送り出してきた。しかし、現在まで残されている作品は、その中のほんの僅かなものにすぎない。しかし、これらの比類ない名作からは、彼の作品全体を十分に感じとることができるだろう。リーメンシュナイダーの制作した数多くの教会祭壇の中で、完全に保存されて残っているのは二つだけである。一つはローテンブルクのヤコブ教会堂内にある聖血祭壇（一五〇五年）であり、いまひとつはタウバー渓谷クレークリンゲンのヘルゴット教会にあるマリアに献げられた美しい聖母祭壇（一五一〇年）である。

1　聖血祭壇（1505 年）

聖血祭壇は、教会堂の内陣中央ではなく、少し脇にはずれて立っている。それでも、ヤコブ教会を訪れる多くの人びとにとって特別の関心の的でありつづけている。この祭壇の中央には「最後の晩餐」の場面が彫られている。しかし、注目されるのは、中心に立っているのがキリストではなくユダであることだ。あたかもユダこそが主要登場人物でもあるかのように。リーメンシュナイダーは、この人物の回りに大きく拡がっていく出来事をドラマティックに造形している（**図1**）。

場面は、ユダに向かってキリストがまさに決定的な言葉を発した瞬間である。「あなた方のうち一人がわたしを裏切ろうとしている」。ユダは左手に財布をもち、右手で長い上着の裾をたくし上げて、今にも走り去ろうと身構えている。弟子たちは驚きのあまり呆然としたり、中には興奮と憤激をあらわにする者もいる。彼らの表情や手の動き、乱れた衣服のひだ、互いのあいだに拡がる不信！　それは、この祭壇彫刻を観るものにも活き活きと伝わってくる。

クレークリンゲンの聖母祭壇（**図2**）は、《リーメンシュナイダーの芸術の頂点》（H・シュラーデ）とも評価される優美かつ感動的な作品である。この昇天の聖母像に、彼は、五年の歳月をかけて、深い内面性をたたえた高貴な姿をあたえている。

マリアが身につけた衣の先端は柔らかい風によって軽やかになびき、彼女が実際に天上に高く上げられ、飛び去っていこうとしているかのように感じられる。マリアのか細い両手は心を込めた祈りのために合わされ、その頭上には透き通るようなヴェールが載せられている。それは、あたかも《上からの招き》にひたすら献身しようとする敬虔な信仰の息吹のようにさえ見える。飛び交う天使たちがマリアを天上へ運ぼうとして賛美する歌声までが響いてくるかのようだ。周りでマリアを見守る弟子たちの大きな驚きと深い悲しみの表情、さらに夢見るような眼差しも印象深く造形されている。

2　聖母祭壇（1510年）

この祭壇下の台座を形づくる一連のレリーフには、――マリアの生涯の一駒として――

3　聖母祭壇壁龕

神殿の中で律法学者たちに教える少年イエスの場面がある（**図3**）。興味深いのは、律法学者の一人が帽子をかぶり、遠くを見つめるような面持ちでイエスの言葉に深く聞き入っている姿である（右端）。この人物の外貌は、その墓碑銘に彫られたリーメンシュナイダーの特徴をよくあらわしている。彼は、もっとも重要な自分の作品のいわば欄外に、キリストの使信に耳傾ける人物として自刻像を描いていたのである。同じような自刻像は、マイトブルン女子修道院にある別の祭壇の砂岩レリーフの中にも残されている。それは、十字架から降ろされたイエスの亡骸を清めるため香油を手にもつニコデモの姿として彫られたものだ（G・H・シェッフーシェーヘン『体験と解釈――ティルマン・リーメンシュナイダーの四祭壇』一九五九年）。

中世教会美術においては、象徴的意味の教義的伝統に縛られて、通常、制作者の名前や個性を画像の中にあらわさないことが約束事になっていた。しかし、リーメンシュナイダーの彫刻には、すでにこうした中世的な匿名性から脱して、明確な自己意識とプロフィールをもち、芸術家としての主体性があらわれた作品もあることを見逃すわけにはいかない。その事実をもっともよく示しているのは、彼の初期の代表作『アダムとエバ』像（一四九三年）である。

アダムとエバ

この『アダムとエバ』像は、当初は、ヴュルツブルク市中のマリア礼拝堂の南側入口に立っていた（**図4**）。しかし、砂岩で作られていたので、風雨による浸食がしだいにひどくなっていった。じじつ、体のあちこちの部分にそうした傷跡があり、どちらの像も左肘から先は失われてしまった。そのため、現在は、元マリーエンベルク城塞の一郭に設けられたマインフランケン美術館に移されている。ここには、リーメンシュナイダーの多くの主要作品群が集められ、世界的な観光都市ヴュルツブルクの重要な名所の一つになっている。

その展示作品の中でも、『アダムとエバ』像こそは、すでに若き日にリーメンシュナイダーがマイスターとしての名声を確立できた最高の傑作である。彼は、一四九一年にヴュルツブルク市参事会から最初の委託を受け、二年に及ぶ心血を注ぐ努力の末にこれを完成した。そのとき、リーメンシュナイダーには契約料の一〇〇グルデンに加えて、さらに二〇グルデンの報償金があたえられた。彼の制作した人物像が「神秘的なほど芸術的に優美かつ真実に作られている」という高い評価によるも

4　アダムとエバ（1493 年）

のであった。

アダムとエバは、キリスト教美術の歴史において、もっとも古くから登場するテーマである。ヨーロッパの教会では、正面入口にアダムとエバ像をもつものがあちこちにある。それは、失われた楽園と人類の救済の必要性とを思い起こさせるためであろう。その場合、アダム像は、髭をはやした年配の男性として示されるのが通例だった。

しかし、リーメンシュナイダーは、こうした伝統を破り、アダムを髭のない若い青年として造形した。これまで多くの美術史家は、そこに労苦にみちた地上の生活を始めようとする若者をみた。中には、すでに知慧の樹の実を口にして「新しい認識によって喜びよりも憂いをえた」（M・H・フォン・フレーデン）アダムとみる解釈もある。たしかに、リーメンシュナイダーのアダムは、定かならぬ運命の前に立つ不安とかすかなおののきを示してはいる。しかし、それは自己のアイデンティティをつかみかねている青年らしい不安ではあっても、罪を知った者の悲しみや痛みとはみえない。

この場面の宗教画には、しばしば、エバがアダムにリンゴを手渡しているさまを描いたものが多い。そこでは、二人の表情には羞恥、後悔、不安などが表わされている。しかし、リーメンシュナイダーのエバは、たしかに、手にリンゴの実を握りしめているが、それをまだアダムに手渡してはいない。いったい、このアダムとエバは堕罪を知った人間なのか否か。リーメンシュナイダーを描いた伝記作者ルイーゼ・G・バッハマンによれば、この清らかで愛らしい少女は、まだ楽園で「蛇に誘惑される以前のエバ」だという。そう言えば、エバ像の足もとに鎌首をもたげた小さな蛇は、誘惑者というにはあまりに弱々しくさえある。

　このアダムは肩幅も広く、けっしてひ弱な若者には見えない。しかし、そのやや圭角をおびた身体は、筋骨たくましい男性美を示してはいない。エバの均衡のとれた美しさも、豊満な官能美とは無縁である。ここに表現された裸体は、楽園の聖書物語に由来するものであり、古代ギリシャやルネサンス的な芸術観にもとづくものではないように思われる。むしろ、かすかな憧れと恥じらいとをたたえたアダムとエバにおいて、リーメンシュナイダーは、いわば精神化された美を造形してみせたのだ。

　それは、楽園における神の創造の恵みと豊かさの表現と言うことができるのではなかろうか。「このアダムとエバという二人の造形には、すでにリーメンシュナイダー芸術のほとんどあらゆる固有な特性がふくまれている」（H・Ch・キルシュ『ティルマン・リーメンシュナイダー――あるドイツの運命』一九八一年）。すなわち、慎重さと繊細さ、中世と近代、リアリズムと強い精神性、聖書のメッセージの伝達者であるとともに人間としての個性をもった存在という特徴づけである。

　たしかに、彼の先述した祭壇彫刻にも、新しい時代の契機があらわれていた。とはいえ、なお当時のカトリック教会堂という既存の伝統的枠組の中で制作され、後期ゴティーク芸術の特徴をともなっていたことは否定できないだろう。しかし、この『アダムとエバ』に認められるのは、しばしばリーメンシュナイダーについて指摘されがちな《中世的神秘主義》の美しさではない。それは、空想や法悦の世界にではなく、はっきり現実に足を踏まえている。

　そこには、ルネサンスの人間発見以後の、さらに踏み込んで言えば、《上なる光に照らされた》

現実に立つ姿として——ルターの立ち位置（H・プロイス）とまでは言えないにしても——すでに宗教改革的な現実に連なることを予感させるものさえあるのではなかろうか。リーメンシュナイダーが農民戦争において司教領主の側につくことを拒否したのは、けっして偶然ではなかったのだ。

トーマス・マンには、『ドイツとドイツ人』（一九四五年）という有名な第二次大戦直後の講演がある。その一節で、彼は、リーメンシュナイダーの名前をあげている。

「彼は、高度な政治や世間的な争い事などに関与しようと考えたことは、けっしてありませんでした——それは、彼の生まれながらの謙虚さ、自由で平和な創造を愛する心からは、そもそもまったく縁遠いものだったのです。彼にはデマゴーグの素質は皆無でした。しかし、貧しい人々や圧迫された人々のために脈打っていた彼の心は、彼が正義であり神意にかなっていると認めた農民の立場に味方し、領主や司教や諸侯に反逆するように、彼を強いたのです。彼は、その気になれば、これらの人々の人文主義時代流の愛顧をかちとることも容易に出来たはずなのですが。彼の心が、この時代の大きな原理的対立に捉えられて、純粋に精神的・審美的な工芸家としての市民生活という彼の領域から踏み出して、自由と正義のための闘士となるよう、彼を強いたのでした。彼自身の自由を……彼は、この大義のために、彼にとっての芸術や魂の平穏さよりも優先するものであったこの大義のために、犠牲にしたのです」（岩波文庫）。

すでに記したように、そのため彼の払った犠牲は、まことに大きかった。投獄と拷問ののち、もはや制作活動をなしえない人間とされたのだから。

この講演でトーマス・マンが試みたのは、ナチズムにいたる近代ドイツ精神史を批判的に回顧することであった。《内面性》にのみ傾斜していく《ドイツ的様式の自由》は、たしかに、すぐれた哲学や芸術を生んできた。とはいえ、それは、しばしば、政治的自由の欠落をともなうものであった。しかも、《善きドイツ》と《悪しきドイツ》とが楯の両面のように結びついているところにドイツの悲劇があった。マンによれば、こうした精神的伝統の中で稀な例外的ケースの代表者がリーメンシュナイダーだったのだ。マンは、「完全に共感を覚える」一人のドイツ人として彼を絶賛しているのである。

2　イーゼンハイム祭壇画──グリューネヴァルトの信仰

リーメンシュナイダーと同様に宗教改革と農民戦争のあいだの激動期に生きたマティアス・グリューネヴァルトの存在も、その後、何世紀にもわたって忘却されていた。ようやく表現主義の時代になって、その力強い芸術的表現が再発見されるにいたったのである。

グリューネヴァルトの謎

グリューネヴァルトは、一五一一年から一五一六年のあいだにイーゼンハイムの聖アントニウス会修道院のために有名な大祭壇画を制作した。それは、レオナルド・ダ・ヴィンチやミケランジェロにも比肩しうるヨーロッパ芸術の最も優れた成果の一つだと言われている。これまで、その作者はグリューネヴァルトという名前で知られてきた。

しかし、実は、この通称自体が誤りだった。この著名な画家の本当の名前は、長いあいだ謎にとどまってきた。美術史家の論争の末、ようやくマティス・ゴータルト＝ニータルトというのが正式の呼称だったことが確認された。じっさい、当時の他の美術家たちとは異なり、彼の生涯の経歴は、長いあいだ、まったく知られないままだったのである（R・リーパーティンガー、他編『謎グリューネヴァルト』二〇〇二年）。

グリューネヴァルトは、多彩な能力の持主であり、とくに優れた噴水制作の専門家として知られた建築家であった。おそらく一五〇八年以後、マインツの大司教ウリエル・フォン・ゲミンゲンの宮廷画家となったと推定されている。ウリエルの死後、同じマインツ大司教職を買い取ったアルブレヒト・フォン・ブランデンブルクの宮廷画家として重用された。

このアルブレヒトこそ、膨大な贖宥状販売で財力を蓄え――それが多くの美術品制作を発注できた資金でもあったのだが――宗教改革の運動を引き起こす原因ともなった当事者だった。その意味では、その人格的な態度において、この二人――すなわち、大司教アルブレヒトとその下で宮廷画家として仕えて最後にはプロテスタントになったグリューネヴァルトと――のあいだにあったコントラストほど大きなものはなかったことであろう。

この間にゼーリゲンシュタットで暮らしていたグリューネヴァルトは、一五二五年にドイツ農民戦争が怒濤のように襲ってきたとき、この町の革命的な市民と共に農民団の側に立つことになった。リーメンシュナイダーの場合と同じく、彼もまた、当時の社会関係の中で民衆を苦しめていた体制の不正にたいして批判をもたざるをえなかったのだ。

しかし、農民団の敗北後、大司教の宮廷画家の地位を失い、その一年後には全財産を入れた数個の長持を携えてフランクフルトに亡命した。さらに一年後に、宗教改革を受け入れていた町ハレの市参事会の依頼を受け、噴水工事の専門家として働くためにハレに移った。彼は、この町で一五二八年にペストのために死去した。

グリューネヴァルトが宗教改革派に身を投じたという痕跡は、たしかに、彼の作品そのものの中には見いだされない。イーゼンハイムの祭壇画そのものも、ルターの九十五箇条の論題《テーゼ》が発表される直前に完成されていたのだ。むしろ、彼の作品は、時代を超えた芸術家として、宗派的な対立を遙かに越えた世界の中に立っていたと言うべきであろう。

しかし、彼の遺品箱には、この謎に満ちた人格について貴重な示唆をあたえる資料が残されていた。その中には二七編のルターの説教集の他、釘付けした小箱に隠されたルター訳の新約聖書やルターの多数の印刷物があった。彼がこのヴィッテンベルクの修道士の大胆な活動と思想に関心をもちつづけ、彼の書物を最後まで注意深く秘蔵していたことがわかる。とくに注目を引くのは、遺品リストの中にはシュヴァーベン農民団の要求した『一二カ条』もふくまれていたことであろう。それは、彼が農民反乱に加担していたことを否定しがたく証明するものだった。

じじつ、ルター自身も、初期の頃には、クラーナハ以外に宗教改革を助ける芸術家として、しばしば、イーゼンハイムの祭壇画のことを念頭においたことがあったようだ。

イーゼンハイムの磔刑図

イーゼンハイムは、今では目立つことのない田舎の村にすぎないが、中世末から一六世紀初めの頃には、地中海とライン川を結ぶ要路に立っていたという。イーゼンハイムの祭壇画は、元来、ペストやハンセン病、その他、悪質の皮膚病患者のための施療院に付属する礼拝堂の中に設けられたものであった。聖アントニウス会修道院の修道士や介助する医師たちのための祭壇でもあった。施療院の中に新しい病者が入れられると、彼らは、この祭壇画の前に連れてこられて、直接的に救い主キリストの癒しの力にゆだねられたのである。

「磔刑」が描かれた板絵の中央から回転扉を開くと、新しいパネルの中央には「キリスト誕生」、左側の翼板には「マリアへの告知」、右側の翼板に「キリスト復活」の場面があらわれる。現在、この祭壇画は、フランス・アルザス地方のコルマールにあるウンターリンデン美術館に収蔵されている。元来、観音開きの回転扉を三度開いて示されていた祭壇画の全場面が、ここの展示室では見学しやすいように分けられて、同じ部屋に配置されているのだ。

とくに有名なのはゴルゴタの「磔刑」の場面である**（図5）**。縦横ともに三メートル前後もある巨大な画面の中央にキリストの十字架像が描かれている。その等身大を越える巨大な体の全身は正視しがたいほどの切り傷で覆い尽くされている。この受難の姿は、病める心や体をもった人びとにとって、一種のショック療法として強く働きかけたかもしれない。

画面中央からやや右寄りに描かれたイエスの体は、荒削りのままに切り出されて急造された十字架に固く釘付けされている。十字架の横木はイエスの全身の重みでたわんでいるように見える。

両腕は上に引き延ばされ、両手の指は硬直して反り返っている。両足は一本の釘で足台に固定され、そこからも両脇からも流れ出た血が地面にこぼれ落ち、地中にしみ込んでいる。左に傾けたイエスの頭上に載せられた茨の冠は、不自然なほど鋭い棘を耳の下まで突き刺している。半ば開かれたイエスの口は、その最後に発せられた「わが神！　わが神！」という悲痛な叫びを思い起こさせるだろう。

5　磔刑

この叫びは十字架の左側下で体を寄せ合う人びとの深い悲しみを貫いている。白い衣に覆われ尼僧の姿をしたマリアは、目を閉ざし、力なく両手を合わせて、今にも倒れそうだ。それを支えるため、傍らに立つ愛する弟子ヨハネは、不自然なほど長い腕を伸ばしてマリアの体を抱きかかえている。十字架の真下には、マグダラのマリアが絶望のあまり両手を絞りながら跪いている。これら三人の姿は、イエスの死によって生じた彼らの耐え難い苦悩と深いこころの苦痛をあらわしているのだ。

これにたいして、十字架の右側には、洗礼者ヨハネが固く大地の上に両足を踏みしめ、輝く

6　洗礼者ヨハネ

ばかりの赤い衣を身につけて立っている。福音書の記事に従えば、この時点でヨハネ自身はすでにヘロデによって処刑されていたはずである。しかし、グリューネヴァルトは、聖書的史実を越えて、イエスの証言者としてのヨハネを堂々たる体軀の存在として登場させている。それは左の三人のこころを揺さぶる苦悩の叫びに、もっとも力強く対立するものとして微動だにしない客観性を体現しているのだ。

ヨハネは、白く輝く開かれた聖書を左手に支え、その右手は「ほとんど自然ではありえない」（K・バルト）手つきをして十字架を差し示している。彼の体は、すべての筋肉を緊張させて、この仕草に凝縮されている。いわばヨハネの体全体が人差指と化し、「神の仔羊」の告知者となっているのだ**（図6）**。この出来事が歴史上の偶発事でも忌むべきスキャンダルでもないこと、イザヤ書五三章の預言を成就する神の真実にほかならないことを指示しているのである。こうしてグリューネヴァルトは、ゴルゴタの出来事を主体的に体験させると同時に客観的にも理解できるように表現した。

同じ客観性は、洗礼者の足下に描かれた輝くばかりに白い仔羊によって強調されている。その心臓の傷口から流れ出る血潮は聖晩餐のための杯の中に注ぎ込まれているのだ。烈しいこころの痛みの表現にもかかわらず、グリューネヴァルトは、「磔刑」図にこの仔羊を描き添えることによって、キリストの死の意味という苦悩に満ちた問いにたいする、もっとも深い回答をあたえているのである。「キリストの血は汝のために流されたのだ」と（W・ニック『永遠の画家たち』一九五二年）。

キリスト復活

「磔刑」が描かれた板絵の回転扉を開くと、新しいパネルの右翼に「キリスト復活」の場面があらわれる**（図7）**。注目されるのは、その様相について新約聖書のどこにも報告されていないこの出来事の《秘義》――《霊の体》（Ⅰコリント一五・四四）に復活するキリストの姿――を、グリューネヴァルトが色と光とによって、きわめて独自な手法で表現しようとしたことだ。

ゴルゴタの場面では、十字架につけられたキリストの巨大な体を板絵の前面に描いている。しかし、復活者キリストの姿は、画面の上方、やや後ろにおかれている。はねとばされた岩の前に、すっくと立ち上がり、あたかも浮動するかのようなキリストの姿は超越的な印象をあたえる。それは、あきらかに地上の世界を支配する重力の法則の外にあることを示している。

復活者は全身を光輪に囲まれ、キリストの顔も頭髪も上半身も、それらを照らす黄金色の光の中に溶け込み、あたかも物質的・肉体的な要因からは解放されたもののようにみえる。復活のキリストは、十字架の汚辱の影をまったく留めていない。たしかに、その手と脇腹には耐え通された苦難の傷跡が残されてはいる。それによってイエスの顕現に接した弟子たちと同じく、復活者は、主なるキリストとしての同一性が認められる。しかし、その両手と脇腹の傷跡からは、輝かしい光がほとばしり出ているのを見逃してはならない。

ここにはじめてグリューネヴァルトは、キリストの復活を《変容》の姿として表現したのだ。静かな威厳に満ちながら、優しく和らぎを秘めたキリストの両眼は、祭壇画の前にたたずむ者をじっと見つめている。この視線に最初に接したのはグリューネヴァルトその人だった。この祭壇画は、彼自身の信仰告白に他ならなかったのだ。

7　復活のキリスト

板絵の前面を占めているのは地面に倒れた一群の番兵たちの姿である。この場面は、とてもリアリスティックに描かれ、緊迫感に満ちている。重装備の番兵たちも、まるで錫でできた玩具の兵隊のように折り重なって倒れている。ひとたび神のダイナミックな力が出現するとき、人間の反抗や抵抗は直ちに打ち砕かれるのだ。この番兵たちは、復活の力によって吹き飛ばされてしまう人間の姿を象徴している。

しかし、グリューネヴァルトは、人類の滅びが最後の言葉ではないことを知っている。墓の中でキリストの遺体を包んでいた白い布地が、いまや青い影をともないながら渦巻きのように墓の中から巻き上がっている。この白布は、キリストの足下から兵士たちに向かって流れ出る光の波のように照り輝いている。その光の波は、キリストに背中を向けた手前の兵士をもとらえている。最前列の兵士の身につけた鎧には、すでに変容したキリストの光が照り返されている。

《変容》はまさに始まった。あらゆる罪と苦難にもかかわらず、キリストの復活とともに、この世界には根源的な転換が始まったのだ。輝く光輪に包まれて、左右に大きく開いた両手を高く上げたキリストは、あたかも全世界に向かって祝福をあたえているかのようだ。じじつ、キリストの光輪の周辺には、多くの星がまたたいている。キリストの救いの光は、いまや宇宙万物の上に輝きわたろうとしている。

イーゼンハイムの祭壇画は、一六世紀の初期四半世紀におけるヨーロッパのすべての絵画とは根本的に異なり、ほとんど神秘主義的な精神性に満ちた独特の《神的リアリズム》（W・ニック）によって、救済の世界を視覚的に表現したのであった。

洗礼者ヨハネの《指》

この長く忘れられていた宗教改革時代の美術家は、ようやく第一次大戦の直前になって多くの識者の注目を浴びて復活してきた。この時代には、均衡のとれた——一九世紀のラファエロ崇拝に代表されるような——古典主義的美術の理想から離れて、フランスではフォーヴィズムやキュービズムが、またドイツでは表現主義が活動し始めていた。こうした状況の中で、たとえいっそう控えめな仕方であったとしても、グリューネヴァルトが表現主義の先駆者として想起されたのは当然であろう。その神秘的な色彩の言語は、画像の重厚な動きから訴えようとする事柄をもっとも印象深く表現することに成功していた。

カール・バルトが生涯にわたってイーゼンハイムの祭壇画に絶大な関心をもちつづけたことは有名である。すでに若き日のバルトが激動の時代の只中で世に問うた『ローマ書』（初版一九一九年、第二版一九二三年）は、独特の《表現主義的文体》（H・ゴルヴィッツァー）によって、《神の言葉》にとらえられた感動とそこから生まれた激烈な文明批判を展開していたのである。

バルトは、ザーフェンヴィルから、ゲッティンゲン、ボン、バーゼルにいたるまで、その活動の場を転々とするあいだ、自分の書斎の机の前に、グリューネヴァルトの「キリスト磔刑」の大きな複製画を掛けて仕事するのをやめなかった。その晩年になると、この複製画は、思索と執筆のあいだ彼がほとんど手許から離さなかった葉巻の煙のために薄くいぶされていた。

この複製画をめぐって、バルト邸を訪問してきたユルゲン・モルトマンとのあいだに交わされた面白い話が伝えられている。モルトマンの有名になった『希望の神学』が出版されたとき、バルトは病床から短い書評風の感想を送った。モルトマンの「神」から「貧しすぎる印象」をあたえられた、と。しかし、それをバルト自身は、すっかり忘れていたらしい。バルトを訪問した時に、モルトマンは、書斎の壁に貼られた複製画を示しながら反論した。「神はやはり貧しい方なのです」と。即座にバルトは答えた。「モルトマンさん、あなたは何という神学をお持ちなのでしょう！　十字架につけられたお方は、この貧しさにおいてこそ、まさに神の豊かさを啓示されておられるのですよ」と。

よく知られているように、バルトは、主著『教会教義学』をはじめ、さまざまの著作や論説の中で、実に五〇回以上も、イーゼンハイムの祭壇画に言及している。しかも、その大半が「磔刑」図の中のキリストの十字架を指差す洗礼者ヨハネの「指」について論じた文章であることには驚かされる（R・マルクヴァルト『カール・バルトとイーゼンハイムの祭壇画』一九九五年）。

その代表的な例を一つだけ引用してみよう。『教会教義学』（第一巻第一分冊）から。「グリューネヴァルトの十字架の絵に描かれている洗礼者ヨハネのこと、とくに彼の顕著な人差指のことを思い出すとよいであろう。人は、あれ以上に印象深く、完全に、自分自身から注意を逸らせることができるであろうか。（「彼ハ必ズ栄エ、私ハ衰エル」）」。

この最後の引用句は、グリューネヴァルトの「磔刑」図の背景にラテン語で記された洗礼者ヨハネの言葉（ヨハネ福音書三・三〇）である。それは、神学的には、バルトが若き日に当時の文化主義的キリスト教にたいして「神の神格性」を強調する「方向転換」を迫った理由を説明するものだ。しかし、それだけではなく、人間の側からの自己主張的言説を——バルト自身の見解もふくめて——ことごとく退け、ただ神の恵みと栄光のみを賛美すべきだという彼の信仰的反省として、五〇年来、彼が書斎の眼前においた「視覚上の助け」（K・バルト）として必要にしてきたものでもあった。じっさい、宣教の課題はキリストの出来事を指し示す「指」にすぎないということは、バルトの最終講義にいたるまで一貫していた。

同じことがグリューネヴァルト自身についても言えるのではなかろうか。すなわち、彼の名前と生涯の歩みが二〇世紀初めにいたるまで明らかになってこなかった事実には、そのまま洗礼者ヨハネの言葉「彼ハ必ズ栄エ、私ハ衰エル」が妥当するであろう。

その関連で興味深い事実が指摘されている。「磔刑」図をよく見ると、ヨハネの「指」をしっかり固定するためであろうか、意外なものが握られていることに気づかされる。人差指以外の他の四本の指で何かを押さえているように見えることだ（**図8**）。それは、あるいは当時の画家が用いていた特殊な絵の道具なのであろうか。その柄の先端の木製グリップの部分が顔をのぞかせているのだ（S・ケットリング『画家マティスの福音——イーゼンハイムの祭壇画に関する考察』一九八五年）。

もしそうだとすれば、この有名な洗礼者ヨハネの手は、同時に画家グリューネヴァルト自身の手でもあったことになるだろう！　この推定は、まことに感動を覚えさせる解釈であるだけに、ぜひとも事実をはっきり確認してみたいと考えた。そこで友人の画家渡辺総一氏の人脈を介して、海外の専門家の意見を徴することにした。よく分からないという消極的な意見が多く、やや失望した。たとえばカールフリート・フレーリヒ教授（プリンストン大学）によれば、原画の精密画像の分析からは、そこまでは断定できないだろうということであった。

それだけに、最近、届けられたテオ・ズンダーマイアー教授（ハイデルベルク大学）からの手紙には大いに勇気づけられた。この刺

8　ヨハネの指

激的な解釈に「魅了された」こと、グリューネヴァルトが洗礼者ヨハネの手に握らせているものが「画家の用いた用具」だったのはほぼ確実だ、と支持する意見だったから（一〇パーセントの躊躇《ためらい》は残る」とは言え）。それがヨハネの掌《てのひら》に押しつけられているのは偶然ではない。それによって、グリューネヴァルトは、自分の芸術を通して示しうるのは十字架のみであることを確実に暗示しようとしたのだ。すなわち、「私の芸術は衰えてもよいが、彼は必ず栄えなければならない」と。

いずれにしても、ルターの九十五箇条の論題《テーゼ》直前に完成していたグリューネヴァルトのこの祭壇画には、すでにルターの《十字架の神学》と「精神的に同質的なものの先取り」が示されていたと言ってもよいだろう。すなわち、神の恵みは十字架においてのみ啓示され、それにたいする信頼において人間は生きることを許されているという宗教改革的信仰にほかならない（T・ズンダーマイアー『共生と差異』一九九五年）。

6 ピーテル・ブリューゲルの絵画を読む

ネーデルラント宗教改革史の中で

1 《大魚が小魚を食う》世界

ピーテル・ブリューゲルは、一六世紀ネーデルラントの生んだ偉大な画家の一人である。正確な生年も出生地も知られていないが、おそらく彼が生まれたフランドルの小さな村名からとられた名前と考えられている。その生涯の時代は、悲惨な結末にいたったドイツ農民戦争後とオランダ独立戦争前夜のあいだに当たり、その限りでは、彼の美術作品もまた宗教改革史の只中に立っていたと言うことができる。

ブリューゲルは、若き日に辺鄙な農村からアントウェルペンに出て絵画の修業を始めたことがわかっている。世界に開かれたこの豊かな大都市は、自由で活発な雰囲気や環境によってだけでなく、多くの芸術家が集い、さまざまの時代潮流の渦巻く絵画の中心地として彼を強く惹きつけたにちがいない。

1　「大魚は小魚を食らう」（1557 年）

一五五一年にマイスターとして画家組合に加入を認められた後、まもなくフランスやスイスに旅し、イタリアに数年間とどまって画業につとめた。とくにアルプスの景観に圧倒された体験から、屹立する山岳や岩壁をもつ壮大な風景を表現して有名になった。一五五〇年代半ば以後、ヒエロニムス・ボスの模範にならい、怪異な世界や寓意を図案化した独特の版画連作によって、人間の愚かさ、悪意や倒錯などを鋭く批判している。

その中でも『大魚は小魚を食う』（一五五七年）は、もっとも広く知られた版画の一つである（**図1**）。当初の版では、版元の出版社ヒエロニムス・コックが売行きをよくするため、原作者をブリューゲルではなく著名なボスの下絵にもとづく作品であるかのように宣伝したのだという。この版画では、飽くことのない人間の欲望、とくに富める者や力ある者が弱者を支配し、抑圧し、呑みつくそうとする現世の真相を厳しく風刺している。人間の社会関係は、しばしば互いに争いあう狼であるかのように喩えられる。しかし、ネーデルラントのような海に親しい人びとにとっては、人間は互いに喰らいあう魚なのだ。

画面の中央には、飽食のためか海岸に打ち上げられて死んだらしい大きな怪魚が横たわっている。それを処理しようとして、小さな人間が恐ろしく大きな包丁で魚の腹を切り裂いている。その切り口からも、大魚自身の口からも、夥しい小魚がこぼれ落ちている。しかも、どの魚も、自分より小さな魚を呑み込もうとしているのだ。さらにこぼれ落ちてくるその魚を呑み込もうと待ち受けて、海中から口を開く魚もいる。

ブリューゲルは、大きな包丁の柄の近くの箇所に、あたかも地球（＝現世）をあらわすかのような天文学風の記号を刻み込んでいる。それを手にした人間が物々しく武装しているのは、この世の《法則》を執行する保安官とでもいうところだろうか。

さらに左上方には、魚に変身した奇妙な人間が魚を口にくわえ、胴体から足を突き出してぶらぶらと歩いている。その傍らの樹上には、すでに殺された多くの小魚が枝から吊り下げられている。右上方の空中には、魚に変身した鳥が樹にぶら下がったこれらの魚に狙いを定めて近づこうとしている。前景の小さな船の上には、祖父らしい人物が孫のような子どもに向かって、これらの情景について「見てごらん」と教訓をあたえている。その傍では父親のような男が捕まえた魚の腹をナイフで開き、小さな魚を取りだしている（C・トルネー『ブリューゲルの素描』一九五二年）。

こうしたブリューゲルの時代批評のスタイルは、明らかにボスの発想から刺激をうけたものといってよい。しかし、彼自身は、たんに懐疑的な厭世家だったわけではない。ボスの作品には、人類の罪にたいする厳しい神の裁きという地獄図絵の暗さが強く刻印されていた。これに較べて、ブリューゲルには、人間の底知れぬ堕落についての驚愕にもかかわらず、諦念や絶望ではなく、

2 「乾草の収穫」(1565年、部分)

それにたいしてユーモラスな笑い――そこには自己アイロニーも隠されている――へ誘うかのような趣もあるのではなかろうか。

農民画家

晩年のブリューゲルは、しばしば農民の風俗を生き生きと描き《農民画家》と呼ばれてきた。しかし、農民生活を風刺的に扱ったものは、ごくわずかにすぎない。有名な四〇ほどの油彩画には、市井の人びとにたいする彼の暖かい親近感が感じとられる。

そうした中でも、広く愛好されている代表的な作品の一つに『乾草の収穫』(一五六五年)がある。そこには、初夏の柔らかい陽光の下で喜びに満ちて乾草の収穫にいそしむ老若の多くの男女の姿が描かれている。

ここに示したのは、その部分図である(**図2**)。前景の中央には、三人の農婦が歩調をそろえて村道を歩いている。二人はひさしの大きな日よけ用の帽子をかぶり、熊手を肩に担いでいる。いま一人は白いタオルを頭に載せただけで、右手に帽子、左手に熊手を持っている。真ん中の若い娘は、その顔をこちら側に向け、ブリューゲル作品では珍しく、はっきりした明るい表情を示している。乾草刈りの楽しい雰囲気がほのぼのと伝わってくるようだ。年齢の違いをみせる彼らは、もしかしたら祖母、娘、母の三人で、一緒に楽しい家族労働に急いでいるのかもしれない。

彼らの進む画面の左端には、牧草地に荷車を通すための木戸が設けてあり、その傍で一人の農夫が大鎌を両手に抱え、それを真剣な面持ちで研いでいる。木戸の向こうには、広い牧草地のあちこちに乾草の堆積があり、農民たちが乾草用のフォークで馬車に積み上げている。

人間の生活は、このように見渡しうる世界の中で季節のめぐりに従って営まれていくのだ。じじつ、当時のフランドル農民の生活は、地方貴族の支配下にあっても、ドイツの農民などに比較して、相対的に安定した条件に恵まれていたことが知られている（B・クラーセンス『ピーター・ブリューゲル』一九六九年）。

しかし、スペインの支配による植民地化が始まるとともに、こうした平和な生活には、しだいに終止符が打たれていった。これには宗教改革に発する新しい運動も加わり、大きな転換が訪れるのである。そうした時代の移りゆきを幾つかのブリューゲル作品から覗いてみよう。

2　『十字架への道行き』を読む

まず、ウィーン美術史美術館の中のピーテル・ブリューゲル特別室を飾るその最大の油彩画『十字架への道行き』（一五六四年）を取り上げてみよう**（口絵3）**。この場面全体を、彼は、当時のネーデルラントの風景の中に置き換えて描いている。それは、宗教改革期のドイツの場合と共通するところがある。むしろ、近世ヨーロッパにおいて聖書の翻訳と出版がもっとも盛んだったのはフランドル地方だった、とさえ言われてもいるのだ。

画面の左側には緑の葉をつけた大きな樹が画面を突き抜けるように描かれ、右端には褐色の長い木の幹の上に車輪付きの処刑台が立っている。いわば前者は生命の世界の豊かさをあらわし、これにたいして、後者は死の恐怖が支配的な時代であることを剝き出しの形で示している。この生と死の象徴的な縁取りの中で、天高く描かれた地平線の下に、圧倒的な広さをもった風景全体が展開される。

画面左上にはネーデルラントのどこかを思わせる城壁に囲まれた大きな都市が――聖書のエルサレムとしたものであろう――はるかに望見され、早春の明るい光が輝いている。しかし、画面右側の上空には黒雲が拡がり始め、不吉な黒い鳥たちが飛び交っている。その下の草原に設けられた処刑場には、見物の場所をとるため続々と群衆が集まり大きな輪をつくっている。すでに二本の十字架が立てられ、三本目のための穴が掘られているところだ。しかし、この処刑場だけではなく、その周辺や丘陵のあちこちにも多くの絞首台や車輪付きの処刑台が立ち並んでいる！

風車と十字架

画面中央の上方には、アルプスを思わせるような尖った岩山が聳え、そのてっぺんにネーデルラント特有の風車が回っているのには意表をつかれる。風車は時間の巡りゆくことの象徴であり、その原動力は天にいます父なる神の手にあるというわけであろう。岩山の下に拡がった緩やかな丘陵の上には、大人も子どもも、ほとんど町のあらゆる階層の多くの人びとが好奇心に駆られてひしめきあっている。その日、三人もの処刑が行なわれるというので、みなお祭り気分になっているのだ。行商人の姿も見られる。

さらに彼らを規制するために、その間を縫うように、騎馬にまたがって動く監視兵の姿も混じっている。それは、新約聖書の伝えるローマ帝国の兵士ではなく、スペイン軍の兵士として描かれている。ブリューゲルがこの絵を描いた年の八月、スペイン国王フェリペ二世は、その属領であるネーデルラントの貴族たちの反対にもかかわらず、トリエント公会議の決定に従って、宗教裁判を厳しく履行し、異端者たちを絞首台に送ることを命じていたのだ。

画面の中心には、茨の冠を被せられたイエスが重い十字架を担ってくずおれる姿がある。しかし、それは、混雑した大群衆の中に埋もれて、画面をよほど注意して探さなければ見落としてしまう。この大きな画面の中の喧噪と騒音にとりまかれて、イエスをめぐる重大な出来事も、目立つことなく、人びとの関心を引きつけることなく進行していくのだ。ブリューゲルは、日常的な《時間》の中で心奪われた人間が、世界史の決定的な出来事が行なわれている瞬間にも、《永遠》にたいして目を閉ざしていることを表現している（H・H・マン「ブリューゲルにおける《時》に関する省察」一九八四年）。

逆に言えば、こうした独特の表現の仕方は、観る者にキリストの姿を探し求めるよう、信仰的決断を促す機縁をあたえるためなのかもしれない。ブリューゲルは、しばしば聖書を題材としているが、教会堂を飾る大きな祭壇画は一枚も描いていない。彼の作品は、愛好する依頼者のために制作され、多くは個室の壁に掛けられ、いわば個人的な《黙想》のために用いられていたのだ。

しかし、注意深く見れば、この『十字架への道行き』でも、十字架を担ったイエスの姿は、画面全体の中で左右からの人波によってつくられる対角線が交差する構図のほぼ中点に置かれている。すなわち、キリストの存在こそ、この救済史の事件の中心であることが暗示されているのである。

倒れているイエスの少し前を進む荷車には、彼とともに処刑されるはずの二人の盗賊が乗せられている。その傍らには《告悔》を聞こうとする修道士の姿もある！**（図3）** 盗賊の一人は、語

3　二人の盗賊と修道士

4　旗を持つ騎兵

りかける修道士に目を向け、その手には十字架が握られている！　荷車を先導する傍らの騎兵は、烈しくはためく旗を固く握りしめている。それには、ハプスブルク支配をあらわす《双頭の鷲》の紋章が金色に刺繡されて輝いている（図4）。

さらに画面のイエスより少し後方には、兵士たちと激しく争い合っている人びとの姿がある。一人はクレネ人シモンであり、イエスに代わって十字架を担うように強制されるのを拒否しているのだ。もう一人は、夫が引っ張られていくのを見て、槍を突きつけられながらも必死で夫を引き止めようとするシモンの妻だ。多くの群衆は、肩を寄せ合い、目を丸くしながら、このアクシデントに関心を集めている。

5　クレネ人シモンと妻

シモン夫婦の足下には大きな壺が転がり、そこから流れ出た牛乳がゆっくりと地面に拡がっている。その傍には足を縛られた仔羊が投げ出されている。どちらも商品として、彼らが市場で売るために携えてきたものであろう。もともと彼らは、処刑を見物するために出かけてきたのではなかったのだ。それにしても彼女の腰にぶら下げられているロザリオ（！）は、聖書の伝える歴史的事件の中では、敬虔のしるしというよりも、時代錯誤的なアイロニーのように映る（図5）。

6　処刑台の木の下に立つ人物

画面前景の右下の高台は、特別に区画されたようだ。《聖なる人びと》のための舞台でもあるかのようだ。そこには、《絵画の中の絵画》として、聖母マリアやイエスの愛する弟子ヨハネ、敬虔な女性たちが、ひときわ大きな姿で描かれている。イコノグラフィー的手法による彼らの古代風の衣装、理想化された苦悩の表情は、多勢の群衆たちとは対照的である。イエスの死を悼む、この先取りして描かれた《ピエタ》の画像によって、ブリューゲルは、この絵を観る者に聖書的な次元が存在することを暗示しているのであろう。彼らの右側の岩の上に残された白骨化した馬の頭蓋骨は、《死を忘れるな》という中世以来の伝統的な教訓であろう。

この右端の車輪付き処刑台の木の下に立つ二人の人物は、これまでブリューゲルの自画像を示すものだと言われてきた（図6）。彼らは、少し離れた視点から《聖なる人びと》を眺め、さらに《道行き》の場面全体を見渡している。そこには、宗教改革に共感する者としての熱い思いと同時に画家としての冷徹な観察者の姿がある。一人は、木の幹を抱いたまま、痛ましい情景に目を潤ませて深い思いに耽っているようだ。いま一人は、いっそう冷静な面持ちをして眼前に展開する出来事を直視している。実は、こうした異端者の処刑は、当時、フランドル地方では、しばしば公開のショーのように町の広場で行なわれていた。荷車で運ばれる囚人たちや告悔を促す修道士、さらに市場に来るシモン夫妻をめぐる争いなども、当時、ブリューゲル自身が街頭で目撃した光景にほかならなかったのであろう！

こうした人びとの経験した苦難を、彼は、聖書的史実としてのキリストの苦難の出来事と重ね合わせて思い起こしていたのではなかろうか。してみれば、荷車の上で囚人が手にする十字架と十字架の下にくずおれるキリストという《二つの十字架》には、いっそう深い意味が込められていることになるだろう。一見、時代錯誤的と見える道具立ては、異端者迫害の現実にたいして、非正統派としてのブリューゲルが密かに忍び込ませた批判にほかならなかったのだ！

ブリューゲルの動く《絵》

数年前に発表された映画『ブリューゲルの動く《絵》』（二〇一一年）は、ポーランドのレフ・マイェフスキ監督が美術評論家マイケル・ギブソンの著作『風車と十字架』における『十字架への道行き』の分析に触発されて、この絵を映像化した作品である。原画に登場する五〇〇人もの群衆の中から一〇名余の人びとを取りあげて、一人びとりの日常生活やスペイン兵によって残虐に殺されていく姿を映像化している。これらの人物の中には、聖母マリアがイエスの死の意味について沈思する姿やブリューゲル自身も登場して、この絵の注文者にたいして内容を説明してみせる場面も出てくるのだ。

それ以外の多くの登場人物は無言のままで何らの対話もない。しかし、風車が回る音、群衆や騎馬の発する騒音、かけずり回って遊ぶ子どもたちの叫び声などが生々しく響く。たしかに、ブリューゲルの原画においても、多くの出来事が同時に起こっているかのように描かれてはいる。しかし、この映画の世界では、カメラの動きによって、いっそう多くの出来事が経過していく連続的な映像として肌に感じとられる。こうして『十字架への道行き』の世界が原画以上に観るものに身近に迫ってくる。

映画は、風車小屋の中で、朝早く起き出してきた小屋の主人が塔の階段を上って風車の帆を張り、それが回り出す場面から始まる。風に向かって方向を変え、石臼を回して麦や豆などの穀粒を粉にしていく。それでパンが作られ、人びとの日常生活を支えるための食料に変えられていくのだ。小屋の主人は、あたかも死と生を司る地上における神の役割を演じているかのようでもある。映画の中のブリューゲルは、絵の構図としてフランドル地方にはない高い岩山の上に風車を置いた意図について、神のイメージと関わらせて説明を加えたりしている。

映画のスペイン軍の兵士が民衆に加える無差別の残虐行為は目を覆うばかりだ。異端者の一人として引っ立てられた若者は、烈しく鞭打たれ、最後には高い棒の上に設定された車輪の処刑台に縛りつけられて鳥の餌食にされる。罪もない若い女性が生き埋めにされ、その上に兵士たちが平気で土をかけている。こうした《血に飢えた殺意》に根ざす権力支配の映像からは、この地上にはもはや神は存在しないのではないかと痛感させられる、といった映画評も出ている。

とくに印象的なのは、イエスがゴルゴタへ向かう場面で、突如、風車の動きが止まり、いっさいが静止する瞬間があることだ。あたかも世界史の出来事にたいして神は何らの影響を及ぼしえないかのように。風が止んでしまったのだ！

　しかし、逆の解釈もできるかもしれない。たしかに、イエスが風車小屋の岩山の下に埋葬されて世界が暗黒に包まれると、天地を揺さぶる雷鳴がとどろき、閃光が走り、嵐となる。それでも一夜明けると、風車がふたたび回り始め、穀粒を砕いてパンを作り出す。いつもと変わらないフランドルの風景が拡がり、子どもたちの歓声が響く。どこからか道化師が陽気な音楽を奏でながら現われると、しだいに人びとが集まって来て輪舞を始める。生命の運動は確定的な形では見通せなくても、そこには、同時に、復活への新しい希望が消え失せることはないのだ。

7　アザミの花

　先にあげたギブソンの指摘によれば、同じことがブリューゲルの原画の中にも見いだされるという。すなわち、死の世界を象徴する右端の車輪付き処刑台を支える柱のさらに右側には、まだ若い樫の木が若葉をつけた枝を伸ばし始めている。それは、まったく目立たない存在にすぎないが、『十字架への道行き』全体を論ずる際には、おそらく、もっとも重要なものだろうという。

　まだその将来を秘めたままであるこの若い木は、もっとも暗い空の下でも――さらには白骨化した馬の頭蓋骨に示される《空しさ》が告げられた後でも――それを越えて、まったく期待されていなかったところで、生命が再生し復活することを確実に象徴しているのである。そうした屍や骨片が散らばった岩の一番下方にも、注意して見れば、棘をもった小さなアザミの花が真っ直ぐに咲き出ている**（図7）**。それは、風が吹いてくれれば、いつでも直ぐさま花の種をまき散らそうと待ちかまえているのだ（M・S・ギブソン『風車と十字架』新版、二〇一五年）。

3　宗教迫害に抗して

同時代史の中で

ブリューゲルが描いた政治的・宗教的状況を改めてふり返ってみよう。

ネーデルラントの地に住む民衆の多くは、一六世紀の二〇年代以降、宗教改革の運動に強く引き寄せられていった。当初はルター派の影響下にあったが、やがて一部は再洗礼派に結びつき、一五四〇年代初めにはジュネーヴからカルヴァンの教理も入ってきた。

これにたいして、すでに一五一六年にスペイン王位を継承していたカルロス一世の下には、ネーデルラントが王国の属領として加わってきた。彼は一五一九年にはドイツ皇帝位を継ぎ、カール五世と呼ばれることになった。よく知られているように、このカール五世こそ、一五二一年にウォルムスで開かれた帝国議会にルターを喚問して《帝国外追放》の処分を下し、みずからカトリック教会の《擁護者》たることを公に宣言した皇帝だった。

彼は、この間に一五三三年にはネーデルラントにスペイン軍を駐屯させ、一五五〇年にはルター派からカルヴァン派にいたるまで包括的な異端追及のための宗教法令を公布した。さらに一五五五年には帝国を分割して、皇帝位を弟フェルディナント一世に、スペイン王位を息子フェリペ二世に譲った。それ以後、ハプスブルク支配は、スペインとオーストリアとに分かれることになった。

こうしてネーデルラント支配を継承したフェリペ二世は、これまで以上に、いっそう頑なに異端者追及の姿勢を貫くのをためらわなかった。彼は、王国の財政的基盤を支えていたネーデルラントの地に重税を課し、繁栄していた都市の特権を奪い、プロテスタント諸派を厳しく弾圧した。いまやネーデルラントでは、国民的な独立のためだけではなく、信教の自由をめぐっても激しい反対闘争が展開されることになった。当初は穏健な大貴族の指導下に始められたが、やがて運動の主導権は下級貴族やカルヴァン派市民の手に移っていった。こうした頑強な抵抗を根絶するため、ついに一五六八年には、ロンバルディアに駐留していたアルバ公指揮下のスペイン精鋭部隊がアルプスの山を越えてネーデルラントに送られてきた。その支配下に、徹底した異端裁判と血なまぐさい恐怖政治が敷かれることになった。

8　「二匹の猿」（1562 年）

ブリューゲルの最晩年は、こうした時期と重なっていたのだ。彼が民衆抵抗の側に心を寄せていたことは、その多くの絵画の中で宗教的抵抗のシンボルを表現していることから明らかだろう。

9 「洗礼者ヨハネの説教」(1566 年)

たとえば『二匹の猿』(一五六二年)には、要塞の銃眼のはざまに、鎖でつながれた二匹の尾長猿の哀れな姿が描かれている(図8)。ブリューゲル作品ではあまり目にしない《諧謔》(J・イェードリカ)とも思える絵の一つである。

狭い窓からは大きな都市と広い川の流れが拡がっているのが見える。明らかにシェルデ川とアントウェルペンの風景である。ぼんやりした姿でノートルダム聖堂の塔も遠くに望まれる。水上には多くの船が並び、上空には鳥たちが舞っている。この防壁に閉ざされた狭い空間と無限に拡がる風景とを対照させることによって、ブリューゲルは、当時のアントウェルペン市民の鬱屈した政治的・精神的状況を表現しているのだ。

同様の意味で『乞食たち、あるいはいざりたち』(一五六八年)もまた、ネーデルラント独立運動派が自称するにいたった《乞食党》の行動を暗示していると解釈される。それは、スペインの植民地支配に反対して蜂起した人びとに支配者側が投げつけた侮蔑の言葉を逆用した自己規定の表現だったという。

この前後の時期に描かれた『洗礼者ヨハネの説教』（一五六六年）**（図9）**にも、同様の時代史的背景がある。そこでは、本来、聖書の伝える荒野での出来事を、ブリューゲルは、ふたたび一六世紀の風景の中に置き直している。

洗礼者ヨハネの説教

元来、このテーマを扱った絵画では、洗礼者ヨハネによるキリスト受洗の場面がよく描かれてきた。その際、洗礼者ヨハネによる説教の場面は、背景として描き添えられるのが普通だった。

9a　「洗礼者ヨハネの説教」より

こうした伝統的な扱い方をブリューゲルが逆転させて描いているのは興味深い。むろん、ブリューゲルらしい手法でキリストの受洗の場面も描かれている。

画面では、遠景にアルプスの山岳が聳え、ゆったりと川が流れる美しい風景が望まれる。その川の流れが急に左折する此岸に沿って、ほとんど筆の先端のタッチで触れた点のように、群衆の姿がかすかに描かれている**（図9a）**。彼らの中で二人の人物が川の流れの中に立っているのが認められる。その一人は両手を高くあげ、いま一人は、やや低い姿勢でそれに向かい合っている。洗礼者ヨハネがまさにイエスに授洗しようとしている場面なのだ。しかし、それは、あまりにも小さいため、画集ではほとんど目にとまらないだろう。

画面全体で基本的な主題となっているのは、木立の中で大勢の群衆に囲まれて説教するヨハネの場面である。ヨハネは、民衆に悔い改めを迫る褐色の衣を着て立っている。彼は、左腕を伸ばして群衆の中に立つイエスの姿を指さしている。ここでは、来たるべきメシアの告知者という伝来的な洗礼者ヨハネ像が描かれているわけである。そこに登場しているイエス像も、これまでの絵画でよく知られてきた伝来的な姿をしている。

イエスは、長い髪と顎ひげとをもち、緑がかった青色の衣を身にまとっている。しかし、血肉をもった実在の普通の人間というよりも、いささか《幻影》のような印象をあたえる。彼は、説教するヨハネには目を向けることなく、たんに彼から差し示されている存在であるにすぎない。しかも、周りの群衆の誰一人からも注目されてはいないのだ（G・イェードリカ『ピーテル・ブリューゲル』一九三八年）。

聴衆の中には老若男女のさまざまの階層の人びとが混じり、顔と顔、肩と肩とを互いにくっつけて、緊張した表情や身振りで説教に耳を傾けている。いっそうよく聞きとろうとして樹に上る者もいる。明らかにブリューゲルは、この絵によって、当時、禁止されていた宗教改革派の巡回宣教者を描いているのである。それがカルヴァン派だったか再洗礼派だったかについては解釈が分かれている。当時、彼らの運動は、町や村の中では密告され逮捕される危険が大きかった。そのため、このように野外で集会がもたれていたのだ。おそらくブリューゲル自身、こうした集会に時折り顔を出したこともあったに違いない。

画面手前の人たちは、ヨハネの説教そのものには、あまり関心を示していないようだ。彼らの身につけた衣装からは、遠路はるばるオリエント各地からも旅してきた者さえ加わっていることがわかる。武装した見張りと思われる者もいる。その中には、占いを生業とする漂白の民ロマの男女の姿もある。彼ら二人は、互いに目を交わし合いながら手相による占いを試みている。

占いの依頼者は、広い額の知的な顔つきをした身分の高そうな人物である。スペイン風の立派な服装を身につけているのも暗示的である。むろん、占いは、カトリック教会内でも禁じられていた。しかし、当時ネーデルラントではカルヴァンの教えによって、とくに厳しく《迷信》とみなされていたものだ。占いを依頼した人物は、画面のイエスの方向からは真下の位置に座っている。ブリューゲルは、洗礼者ヨハネによる「見よ、これぞ神の仔羊！」という聖書的《預言》をカトリック教会による異端審問の《判決》と対比させようとしているのであろうか。

バベルの塔

このような時代状況において見れば、彼が好んで描いたバベルの塔についても、いっそう新しい解釈ができるかもしれない。聖書物語におけるバベルの塔によって引き起こされた《言語の混乱》は、まさに教会分裂によって新しいアクチュアリティを生み出していたのだから。ウィーン美術史美術館に飾られているもっとも大きな『バベルの塔』（一五六三年）を取り上げてみよう**（図10）**。ちなみに、この年には、ブリューゲルはブリュッセルに移り、師ピーテル・クックの娘

10　「バベルの塔」（1563年）

と結婚している。

地平線の上に高く聳え、塔の頂きを雲間から突き出す巨大な建造物は、まさに神に反逆する人間の高慢と愚かさとをまざまざと象徴している。同時に、この塔の下には豆粒のようにみえる多くの人間の姿が描かれている。そこからは、この支配者による壮大な工事のために動員された貧しい民衆の言い尽くせない労苦が積み重ねられてきたことがわかる。左下には建造を命じたニムロデ王が威張った立姿を見せ、その前に石工の一人が命乞いでもするかのように跪いている。建設計画の遅れが追及されているのだろうか。

塔の周辺を見渡せば、多くの巨大な帆船が寄港する港湾都市としての広がりや密集した市街地の連なる商業都市としての繁栄ぶりがあらわれている。そこからは、これまで塔の建設のために要した長い歳月と歴史が感じとられるかもしれない。そればかりではない。このバベルの塔は、その壮大さにもかかわらず奇妙に歪んでいるようにみえる。これまで築き上げてきた巨大な重量と立地条件の悪さが、塔が傾斜し始めた原因になっているのだ。ブリューゲルがまさに危機的な時点を迎えたバベルの塔を描いているかにみえるのは、興味深い。

11　「ベツレヘムの戸籍調べ」（1566 年頃）より

　たしかに、このバベルの塔は、頑丈な巨大な岩を削って、その上に建てられている。福音書の記事によれば、イエスは砂上の楼閣ではなく《岩》の上に建てることこそ確実な人間の生き方であると教えていた。しかし、他方では、《岩》とはイエスが使徒ペテロに与えた別称でもある。中世以来の伝統として、カトリック教会の権威は、このペテロを初代教皇とする《使徒伝承》にもとづくと主張されてきた。この絵に描かれた塔が傾き始めている姿には、プロテスタントを異端者として迫害するカトリック教会の強大にみえる体制も、その崩壊がけっして遠くないことを暗示しているのではなかろうか（若桑みどり『絵画を読む』NHKブックス）。

　これらの他にも、ブリューゲルは、聖書テキストを

12「ベツレヘムの幼児虐殺」（1565―67年）

12a

題材とした多くの絵を残している。たとえばイエスの生誕物語でも幾つかの連作がある。『ベツレヘムの戸籍調べ』（一五六六年頃）では、雪に覆われたネーデルラントの村落が広がり、臨時の戸籍役場として用立てられた居酒屋の前に群衆が押しかけている。その店の前壁には、緑色の葉環による新酒の標識に並んで、ローマ帝国ならぬスペイン王国の支配を象徴する《双頭の鷲》の紋章板が掛かっている（**図11**）。

その聖書物語につづく『ベツレヘムの幼児虐殺』（一五六五―六七年頃）の場面では、雪の降りつもった広場で大勢の兵士が母親たちの腕から乱暴に幼児を奪い取ろうとしている（**図12**）。それに抵抗する女性たちを、兵士たちは追いかけて虐待を加えている。興味深いのは、中央に密集し

13「盲人のたとえ話」（1568 年）

の一つである。やみくもに他者を信頼して全面的に従っていくことの危険性、とくに先導していく者自身の目がよく見えない場合、その危険性はきわめて大きいものにならざるをえない。この作品には、イエスの弟子たちへの警告という元来の意味とは逆に、民衆を正しく指導しない聖職者にたいする風刺がこめられているのかもしれない。ルターの『キリスト者の自由』の中でも、このたとえの言葉が信仰義認論の文脈で援用されている（森洋子『ブリューゲルの諺の世界』白鳳社）。

さらに一歩踏み込んで、ここにルターとデューラーとの関わりを対比させて、ブリューゲルにたいするカルヴァンの影響――しかもその予定信仰との関わり――を見る解釈もある。すなわち、デューラーの『四人の使徒』には、一人びとりの主体性＝自由な信仰への決意が光っているのにたいして、このブリューゲルの絵は、手探りで歩む目の見えない人びとを「分かちがたい繋がりの中にある」存在として描き、この絵を観る者の眼前に「彼らの上に実現する予定された運命」（！）

を示しているのだ、という（イェードリカ、前掲書）。しかし、この解釈には、予定説を宿命論的に捉えようとする神学的に重大な誤解があると言わなければならない（本書第Ⅲ部参照）。

いっそう一般的な世俗化過程の中で、このブリューゲル作品の意図について、転落する人類の上にのしかかる《宿命の冷酷さ》（O・ベネッシュ）を印象深く描き出しているのではないか、と指摘する意見も出てくる。この絵は、われわれ自身が相次いで転落していく暗い運命の連鎖の一環にあることを表現しているのだ、と。そうした視点からは、ミケランジェロの『最後の審判』と比較しても、いっそう切実に人間の現実生活に即した画家の鋭い目が光っているではないか、という絶賛の声さえある（M・ドヴォルシャック）。

ブリューゲルの生きた時代は、伝統的な教会のドグマに疑問符が打たれ、いっさいの価値規範が流動化し始めていた。こうした時代には、誰にとっても、とくに宗教的な人間にとっては、その深い内面において新しい規範や信仰にたいする欲求が強かったにちがいない。この画面では、盲人たちの背後に少し離れて教会堂が建っている。実は、この教会堂は、ブリューゲル自身も近くに住んでいたことのあるブリュッセル郊外の聖アンナ教会をモデルにしたものなのだ。この教会堂がややぼんやりした色と形で描き添えられていることについても、ブリューゲルの意図をめぐって、さまざまの解釈がある。

教会の存在を発見することができれば、転落の運命を免れて逃げ込みうる避難場所となるかもしれない。しかし、盲人たちの目には入らないのだから無意味だろうという否定的な意見もある。これにたいして、画面における教会の位置から観て、盲人たちが二つのグループに分けられているとする別の解釈もある。先行する二人は確実に転落を免れないとしても、後続の四人には救いの可能性がまだ残されているのではないか。――このやや肯定的な意見には、もしかしたらこの絵から二重予定説の響きを聞きとっているのかもしれない。

『盲人のたとえ話』が描かれたのは、たしかに、次の世紀のネーデルラントで激しく燃え上がるアルミニウス論争以前ではあった。アルミニウスの教説にもとづく最もリベラルなプロテスタントが出現したとき、それに対抗するために、予定説が正統カルヴァン主義の絶対的規範にまで高められたのだ。しかし、カルヴァン自身の時代においてさえ、それが改革派神学の主流となっていたことは確かである（B・コットレ『カルヴァン　歴史を生きた改革者』出村彰訳、新教出版社）。じじつ、すでに当時、フランスやスイス、スコットランドなどの国々では、改革派の初期信仰告白において、予定の教理がしだいに明確に定着し始めていたのだ。

いずれにしても、これまで取り上げてきた多くの作品を通して、ブリューゲルの信仰的立場はいったい何だったのだろうか。あらためて関心を呼び起こされるところだろう。実は、このことに関しても、さまざまの意見に分かれ、一義的なことは言われていない。なお依然として、ブリューゲルが敬虔な――革新を願う――カトリック教徒でありつづけたという意見もある。

それと対照的に、カルヴァン主義者、少なくともカルヴァン主義のシンパだったという主張もあり、また再洗礼派だったとも言われている。たしかに、ブリューゲル作品には、戦争や暴力に断固として反対し、死刑や拷問の廃止を求めた再洗礼派の主張と重なるところがあることは否定できない。さらには《内なるキリスト》を信ずる神秘主義的なフマニストだったとする見解もあるのだ。この最後の解釈では、ブリューゲルが《不可視の教会》を信ずることによって伝来的な制度的教会をすべて否認し、あらゆる宗教の同格性を要求していたのではないか、とされているのである（J・ミュラー『内なるキリスト』二〇〇〇年）。

彼の周辺にいた多くの人文主義者の顔ぶれからすれば、エラスムス的な寛容を模範としていたとする意見が多いのも肯けるところだ。こうした連関で、『盲人のたとえ話』の画面でも、盲人たちの列の中でフードを深くかぶって顔を見せない人物の姿にはブリューゲル自身が隠されているのではないか、という指摘もある。ブリューゲル解釈をめぐる多くの《謎》が語られる所以であろう。

しかし、ブリューゲル作品に見られる鋭い——ラディカルでさえある——時代批判は、彼の内奥にひそむ「信仰告白を希有な視覚世界として表現した」（土方定一『ブリューゲルとその時代』著作集3、平凡社）ものであることは確実であろう。

Ⅲ 宗教改革の精神と神学

――ルター・カルヴァン・バルト

7　宗教改革の神学的特性と精神態度

宗教改革の歴史は、ルターひとりの名前とのみ関わるものではない。しかし、一六世紀ドイツに開始され展開されることになった歴史の巨大な転換が、ルターの人格と生涯とに分かちがたく結びついていることは否定できないであろう。むろん、教会の内部で改革を求める声は、すでにルター以前にも、くり返し上げられていた。すでにみたように、ウォルムスの宗教改革記念碑の土台の四隅には、中世末期から近世初期にかけてヨーロッパ諸国にあらわれた先駆的な改革者たちの群像がある。

むろん、伝来的な教会にたいするこれらの抗議と彼らの福音理解とは、のちのルターにおける場合とは、ただちに同一ではない。たとえばイングランドのウィクリフは《福音の教師》と呼ばれ、彼につき従う説教者たちは《福音派》と呼ばれた。しかし、彼らにおいては、福音の中心は、イエスの生涯を厳格な模範とすることにあった。ウィクリフは、イエスに従い《福音的律法》を満たすことに、一人びとりのキリスト者とキリスト教会全体の救いをみていた。

ルター以後、たとえばスイスのツヴィングリやさらにカルヴァンなどの改革者がつづくことになった。ツヴィングリの場合、すでに一五一八年末以来、チューリヒの大聖堂教会説教者として迎えられ、北スイスの福音主義化を積極的に推進した。彼が一五二一年一月に公表した『六十七カ条』は、ルターの「九十五箇条の論題《テーゼ》」にも比せられる同時代性をもっていた。その数年後にはツヴィングリがスイス内戦の中で倒れたため、彼の思想形成は未完のままに終わり、その影響力も相対的に限定されざるをえなかった。

しかし、ルター派とは別の形態をとった運動は、カルヴァンによって受け継がれた《改革派》キリスト教として、ドイツ語圏にとどまらず、広く近代世界の中に展開されていった。むろん、宗教改革的信仰の中核においては、ルター派も改革派も同一だった。違っていたのは、教会や礼拝、聖餐の形態などにたいする諸要求から引き出されるものであった。その際、神学的力点における世代間の差異という事情も無視できないところだろう。ルターがヴィッテンベルクの城館《シュロス》付属教会《キルヒェ》の扉に槌音を響かせたとき、カルヴァンはやっと幼児期を抜け出したばかりだった。ドイツの改革者が一五四六年に死去してからも、フランスの改革者は、さらに二〇年近い歳月を生き残ることができた（B・コットレ『カルヴァン』出村彰訳、新教出版社）。

カルヴィニズムにおいては、神がその主権的意志にもとづき、自由な恩寵によって、ある者を救いに他の者を滅びに予め定めたとする徹底した二重予定の教理が説かれた。この神の絶対的尊厳性の強調に応じて、神にたいする人間の絶対的服従と《神の栄光》のために公私にわたる厳格な倫理生活が求められた。それは、歴史的にはカルヴァンの没後、改革派の地盤において彼らがさらされていた激烈な迫害と弾圧という状況によっても規定されていた。敵意をもつ多数派権力に取り囲まれた少数派として生きる中で、日常的には禁欲的な《聖化》を徹底的に追求するとともに、さらに公共的な政治倫理を鮮明にする努力が求められたのは当然であろう。

こうした連関で注目されてきたのがエルンスト・トレルチによるプロテスタンティズムの二つの類型化である。初期の宗教改革の形態の中から、一七世紀末頃以来、第二の近代的な形態のプロテスタンティズムが姿を現わしてきた。それは初期のプロテスタンティズムからの断絶を意味するのではなく、宗教改革の基本的傾向をいっそう徹底化したものであった。その特徴としては、原則的に個人の自発性と信仰にもとづいて宗教的結社を組織しうる自由、また社会の中で並立する多様な宗教や宗派の存在を前提し、さらに世俗生活の完全な解放を承認することなどである。

このトレルチの《理念型》に従えば、《新プロテスタンティズム》は、基本的に自律と懐疑の時代として特徴づけられる近代啓蒙主義と結びついている。これにたいして、《古プロテスタンティズム》には、なお伝来的な権威主義と統一文化を基調とする中世的な契機を残していたと解釈されるわけである。たしかに、《古プロテスタンティズム》は思想的にも歴史的にも多様な側面をもち、とくにルターの人格や思想には、よく問題視される両義性がまとわりついていた。にもかかわらず、宗教改革が九十五箇条の論題《テーゼ》に示される懐疑と問題提起を出発点としていたことは否定できないのではなかろうか。

すでに見たように、ルターは、まさに「神学博士」として、先入見なしに論議するアカデミックな権利を公的に用い、批判的精神のための自由な空間を切り開いたのである。九十五箇条の論題《テーゼ》には、当時の贖宥券販売に関連する社会批判やイデオロギー批判もふくまれていた。こうしたルターの批判的懐疑は、人間理性を究極の根拠とするものでもなく、また理性宗教の名の下に行なわれたのでもなかった。それは、神の言葉にたいする誠実な問いと悔い改めにもとづくものだった。それゆえにまた、深い確信をもって伝来的な贖宥制度にたいする原理的批判を提起しえたのである。それだけでなく、この制度に随伴するさまざまの問題的な影響もふくめて、それらの歪められた非キリスト教性を全面的に突くことができたのである。

その意味では、九十五箇条の論題《テーゼ》を起点として推進された初期宗教改革のイニシアティヴは、やはり近代的な宗教的自由の誕生に通じていたと言ってもよいのではなかろうか。論題《テーゼ》の中で十分に論じ尽くされていなかった多くの論点は、その後まもなく公刊された一五二〇年の三大改革文書、とくに『キリスト者の自由』によって神学的に明確にされていったのである（U・バルト、前掲「宗教的自律性の誕生」）。

以下においては、こうした宗教改革の精神を生み出したルターの基礎体験を中心にして、いくつかの角度から、あらためてその神学的特質を検討してみよう。

1　福音的信仰の発見

カトリック教会は、当時においても、今日と同じく、人間の救済が自己自身の善行によってのみかちとられるものとは教えていない。そのように説いたペラギウスは、すでに五世紀初頭以来、異端とされてきたのである。

エルフルト大学でルターが影響をうけたオッカム主義は、スコラ神学の伝統を打破するノミナリズムの流れの中に立ち、恩寵論においても《新しい方法》（via moderna）の立場をとっていた。しかし、ガブリエル・ビール的に理解されたこのオッカム主義は、なお、救いのためには人間が自らなしうることをまずなさなければならない、ということを認めていた。むろん、それによって、神の前において完全な義を満たしうるというわけではない。それは、神の恩寵の賜物にほかならないのだから。しかし、人間は自己の努力によって、神が人間に恩寵をあたえ、罪ある人間を赦し、受け入れるための前提をつくり出すことができる、とするのである（E・イーザーロー「神学的伝統におけるルターの姿勢」、『ルター像の転換』バイエルン・カトリック・アカデミー編、一九六六年、所収）。

エルフルトにあった多くの修道院の中で、ルターは、とくに禁欲主義的修練で知られたアウグスティヌス派のそれを選択した。彼は修道院規則を厳格に守るほか、さらに進んで徹宵の祈禱や断食などを行なった。「私が敬虔な修道士だったというのは真実である。だれか修道士が修道生活を通して天国に行くとしたら、私も行けるであろう」と、みずから断言することができた。当初、ルターは、正しい軌道の上にあるものと確信していた。

しかし、まもなく懐疑と誘惑とが襲ってきた。彼は、神の実在にはひとときも疑いをさしはさんだことがなかった。しかし、神にたいする自分の愛の純粋さについて、自分の善なる意志の完全さについて、自信をもちえなくなった。彼は徹底的に誠実であろうとするとき、「心をつくし思いをつくして主なる神を愛せよ」という戒めを満たしてはいないことを自認せざるをえなかった。彼の存在全体には、神から「自己への屈曲」＝自己愛が深く巣くっていることを見いだしたのだ（松浦純『十字架と薔薇』岩波書店）。

ルターは、神の戒めを真剣に受けとれば受けとるほど、いっそう深く、自分が真実に義たりえないことを痛感した。自分が神を愛そうとする努力は、神が神であるからではなく、神を愛することによって自分が地上の生活の充足と永遠の生命の約束とをえようと望んでいるからではないのか。こうした自省からすれば、いまや罪を告解すること自体も何の慰めをも彼にあたえることができなくなった。

恩寵の前提として求められる善行への自己努力は、たちまち人間の業績主義に転化する。困難な律法的努力の達成は、すでにそれ自体、一個の《業績》とならざるをえない。しかも、《業《わざ》》への要求は、世界審判者としてのキリストへの恐れを呼び起こす。自己自身のうちに深い罪を認識し挫折を体験する者にとっては、これは、まさに進退窮まる事態だった。

伝説的なルターの《塔の体験》は、こうした人間の側から救いの保証を求める道を、まったく逆転したものであった。彼は、その頃すでにヴィッテンベルクに移り、アウグスティヌス派修道院の次席司祭、大学では神学部の教授、さらにヴィッテンベルクの市教会の説教者という多忙な活動に入っていた。一五一三年―一六年には、主として『詩篇講義』と『ローマ書講義』を行なったが、その準備のための徹底した研究から福音主義的信仰への回心に導かれていった。いま一度ローマの信徒への手紙第一章一七節について、当時の通説とは異なるルターの言語学的発見について考えてみよう。それは、《神の義》を神のもつ性質（主格的所有格）でなく、他にあたえる性質（客体的所有格）として理解した点にある。《神の愛》《神の恵み》と同じく、《神の義》もまた神のもつ属性のことなのではない。この《義》とは、罪人を赦す神の恩寵の賜物として受動的にあたえられるもの＝《救い》を意味するものにほかならない。

神の純粋な恵みだとすれば、《神の義》こそ、人間が自己の業績を救いの根拠と考えるときにはもちえない客観的確実性をあたえるものであろう。したがって、この聖書釈義上の発見は、ルターがこれまでの聖書研究で積み重ねてきた一連の認識に新しい解釈を加えたというだけに尽きなかった。いかにして《恵み深い神》を発見するかという彼の運命的な問いに最終的に答えるものだったと言うべきであろう。

当時のカトリック教会や、またウィクリフやフス自身によって理解されていたものとも異なって、ルターによれば、福音は、第一に福音的《律法》ではない。むしろ、信仰において受けとられるべき神の恵みの使信である。キリストは、たんに教師でも律法者でも模範者でもなくして、第一に救済者、救い主なのである。ルターは言う。

「キリストは世の罪を担って十字架で死にたもうた。これを知って悪魔もまた、ふるえおののくであろう。キリストは、私の罪のために死にたもうた。それによって信仰が始まるのである」。

この《私のため》（pro me）の重要性を看過してはならない。キリストは、東方教会的な世界支配者ではなく、救い主として私の《主》となられるのだ。いまや力点は、神への愛の戒めにもとづく疑わしい懺悔でも自己努力としての聖化の《業績》でもなく、神の恩寵にたいする信仰による義認におかれる。

しかし、この《信仰のみ》（sola fide）という信仰義認論を、あたかも信仰――たとえば信仰の熱意や純粋さ、あるいは持続性などなど――が神の恩寵を受けるための前提条件に代わったかのように誤解されてはならない。むしろ、神から義とされることによって、罪ある人間の生全体がまったく別の基盤の上に立たされ、実存的な不安から解放されて、まったく新しい根源的信頼の中におかれるという意味である。ローマの信徒への手紙第一章一七節の新しい理解こそ宗教改革の運動を支えた出発点をなすものなのである。

《ルター・ルネサンス》の位置

このルターの発見は、第一次大戦後の《ルター・ルネサンス》以来、《若いルター》の内面研究にたいして大きく道を開くことになった。カール・ホルを先頭とするこの運動は、一面では、たしかに、当時支配的だったリベラルな文化的プロテスタンティズムをゆるがし、若きルターにおける福音主義的な信仰体験の逆説性に新しい照明を当てることに貢献した。しかし、ホル学派に属するルター研究者は、ルターにおけるオッカム主義などの後期中世的な遺産との関わりをいっさい認めようとはしなかった。

それとも関連して、《ルター・ルネサンス》による一六世紀への復帰は、たんに精神史的な修正にとどまらなかった。ルターによる福音の再発見は、その出来事のもつ《原初的深み》にたいする信仰的共感だけではなくなった。やがて再発見者ルターその人の中に、《真正な》ドイツ人の《形姿と象徴》（G・リッター）を見いだす熱烈な傾倒につながっていったのだから。それは、鬱屈していた敗戦後ドイツの精神的状況の中で、新たにナショナルな保守的思考の再生を呼び起こすことになったのだ。

ここで、ルターの信仰概念についてバルトによる注釈を引いておくとよいかもしれない。「ルターは、とりわけ信仰が、その根拠と真理、さらにその基準を人間的な行為と経験それ自身の中にもっているのではなく、――信仰は〔むろん〕人間的な行為であり、経験であるのだが――自分自身の彼岸において、その対象の中に、すなわち、キリストあるいは神の言葉の中にもつものである、と語っている」（『教会教義学』第Ⅰ巻第一分冊）。《信仰》の出来事を神の言葉と人間の体験との「循環関係」や「相関関係」として特徴づけるのは、ルターが語ろうとした事柄を正確に表現するものではない、とバルトは断定しているのだ。ルターの信仰理解を彼の人格的内面における苦闘の体験から引き出そうとすることにたいして、バルトは、きわめて警戒的だった。聖書の言葉に示された神の恵みの客観性こそ、福音的信仰の特質をなすものにほかならないからである。

2　聖書原理の発見

これまでみた福音的信仰は、けっしてルターが思いついた理論でもなければ体系でもない。彼は、神の御言葉としての聖書をただ解釈し、福音を再発見したにすぎない。この聖書は、ルターにとって、人間にたいする神の語りかけの真の証言にほかならない。そうだとすれば、聖書こそ、教会生活や信仰生活におけるすべての基礎、尺度、さらに最高の権威と言うことができる。ルターによれば、聖書以外に神についての認識は、どこにも現われていない。したがって、神の啓示の源泉として従来妥当してきた聖書以外のものは、すべて否定されざるをえないであろう。

たとえば、《使徒伝承》や教会的伝統、つまり、初代の教父の教えや教会会議の決定、さらにはローマ教皇によるさまざまの教令などが、啓示と同じく権威をもつとされてきた。しかし、ルターによれば、聖書以外のそうしたものはすべて、あやまった「人間のいましめ」（マタイ一五・九）にすぎない。本来、神に由来しないものを啓示の書として取り扱うのは、神の尊厳にたいする冒瀆ということになるであろう。このように、聖書こそ唯一の神の啓示の源泉であるということが、まず《聖書原理》の第一の意味である。

ところで、聖書が神の唯一の啓示の源泉だとすれば、この世のいかなる制度も聖書の上に立つことはできない。カトリック教会においては、聖書は、他のものと並んで教会のさまざまの教えが出てくる源泉の一つにすぎない。したがって、そのような幾つかの源泉の中から、いったい神の教えは何であるか、を取捨選択して解釈し、決定する権利は教会がもっていた。その意味では、聖書の上に位する権威として教会があり、さらに教会の頂点であるローマ教皇の手にあったと言うことができる。

ルターによれば、教会には、そうした権威はなく、神の教えの中心的な教理を決定するのは、もはや教会でも教皇でもありえない。それは、聖書そのものである。つまり、聖書の内在的な理解にもとづいて、はじめて何が神の教えの中心的な内容であるかを確かめることができる。その意味では、この聖書の中で、いったい何が啓示であるかを確認するのも聖書のみであるということが、聖書原理の第二の意味である。

いまや、われわれは、聖書にたいする場合に、その聖書の内在的な意味連関を問い、《聖書自体によって解釈された聖書の理解》という読み方をしなければならない。このような考え方は、聖書解釈学の上で新しい原理をルターが導入したものだと言えるだろう。つまり、聖書のいろいろな箇所を解釈するさいに、全体的な聖書の意味連関の中から、それぞれの箇所を理解していくという考え方である。

そのことは、まさに当時よく行なわれていたアレゴリー的解釈の否定にも通じている。アレゴリー的解釈とは、聖書のそれぞれの言葉の背後に神秘的な特別の意味が隠されているものとして比喩的に理解していく仕方である。この解釈の誤りは、聖書の言葉を本来の意味連関から引き離す危険性があることである。

さらにルターによれば、本来の意味連関を理解する場合に、聖書の書かれた当時の状況、あるいは記事内容の歴史的な連関を、はっきりさせることが必要である。近来盛んになってきた聖書学の歴史的・批判的な研究も、こうしたルターの聖書理解の系譜に立つものと言うことができるだろう。むろん、当時のルター自身の聖書認識の内容が今日の研究成果に照らせば時代的制約をもっていたことは当然だろう。ただ、ルターにとっては、たんに聖書の歴史的背景を問うだけではなく、聖書のメッセージ全体から、それぞれのテキストを理解することこそ重要だった。その意味では、歴史学的傾向をもつ聖書学は、この点からルターをいま一度学び直すことも必要ではなかろうか。

こうしてルターは、聖書についての言語学的知識をきわめて重要視したが、そうした知識のない一般信徒についても、聖書解釈の権利と能力とがあることをはっきり承認していた。一般信徒の場合も、信仰にもとづき聖霊に導かれる場合、福音の使信にたいして正しい理解に到達することができるとするのである。この一般信徒における聖書解釈の権利こそ、まさに宗教改革の打ち立てた聖書原理の第三の特色と言えよう。

こうして、従来、聖職者、教会の一定の指導のもとに制約されていた聖書の読解は、民衆の手に返される。各人がそれぞれ、みずからの信仰にもとづいて聖書を解釈する能力と資格をあたえられたことは画期的な事柄であった。

3　全信徒祭司性の発見

こうして聖書原理を中心にして、キリスト者の信仰生活にとって、まさに聖書に示された神の御言葉がもっとも重要になった。言葉を介して神と人間との交わりが問われるわけであり、そこでは信仰は、精神的・人格的な関係として理解される。これまでのカトリック教会では、神の御言葉としての聖書よりも、むしろ、教会で執行される礼典が中心となっていた。そこでは、礼典にあずかることによって礼典それ自体の神秘的な作用が働くものとみなされる。しかし、いまや神の御言葉を聞き、聖書を読むことを通して神との交わりが開かれるとすれば、そこには、自覚的・主体的な信仰が問題となるであろう。

教会は、権威主義的に救済財を管理する《恩寵保管施設《アンシュタルト》》から、キリストの呼び声によって召し出された信仰者の交わり《ゲマインデ》となる。神と人間との関係は、制度的なものから人格的なものへと転換される。神の御言葉は直接に一人びとりに語りかけ、みずから聞きとりうるように解放する力をもつ。何びとも他の者より特別に優先されることはない。なぜなら、万人がこの御言葉を聞くように招かれており、それによって兄弟として仕えあうことを命じられているのだから。

ここから、全信徒祭司性の発見に移っていく。いまや信仰は、神の御言葉において可能となる固有な人格的責任と人格的体験の事柄である。そこでは、カトリック教会におけるような神と人間のあいだの祭司的媒介を必要とはしない。したがってまた、その祭司たちによって構成されていた聖職者の階層制も消滅することになるであろう。信仰者一人びとりが神の御前に立ち、神から直接に福音の恵みを受けとることができる。しかし、そのような賜物《ガーベ》をあたえられることは、逆に、それが課題《アンガーベ》として課せられていることでもある。

すなわち、自己の体験した救いと恵みを他の人びとに証しし、また自己の能力を通して、その福音の力を働かせなければならない。信仰者の個性に応じて、一人びとり異なるとしても、あたえられた恩寵の形に従って、福音を宣教する責任を課せられている。全信徒が宣教の責任を担い、その意味で全信徒祭司と言わなければならない。その場合、原則的には、あらゆる形の宣教の可能性が全信徒にたいしても開かれる。すなわち、説教はもちろんとして、さらに原理的には洗礼などの礼典執行もまた、信徒一人びとりに許されるはずであろう。

その限りにおいて、この万人祭司性には二つの側面がある。一つは、従来聖職者の保護・監督と教会的後見との下に立っていた《未成人》としての信徒から、解放された成人としての自由と権利とをあたえられる。同時に、逆に、一般信徒自身が宣教の責任を果たすという信仰的義務も課せられる。この全信徒祭司性こそは《平信徒宗教》（Laienreligion）としてのプロテスタンティズムの特質を示す端的な原理といってよい。しかし、この考え方は、けっして宗教改革によって始められたものなのではなく、原始キリスト教の時代における教会形成の原理の再発見にすぎない。

むろん、ルターは、その後、教会秩序を維持するために制度的な牧師の任命が必要なことも承認した。しかし、その場合にも、信徒一人びとりが説教し宣教する自由は前提されていたのである。さらに、牧師を招聘し任免する権利も最終的には信徒の交わりとしての教会全体に留保されていた。全信徒祭司性とルターの教会理解とは、こうした形で結びつき、その両立性が可能となっていたのである。

4　ベルーフ概念の発見

さて、全信徒に祭司性が認められるとすれば、具体的には、全信徒にたいするキリスト教倫理の原則的な平等性が引き出されることになるであろう。カトリシズムにおいては、聖職者階級に妥当するモラルと一般信徒に妥当するモラルとは区別されてきた。聖職者階級は、いわば神にいっそう近い存在であり、神の恵みにいっそう多くあずかることに対応して、それだけ厳しいモラルを守らなければならなかった（たとえば妻帯の禁止、私有財産の否定など）。それにたいして、一般信徒は神からいっそう遠い存在であり、守るべきモラルもいっそう緩やかなものであった。

しかし、全信徒祭司性の原理によって、こうしたモラルの段階的な区別は一掃されることになった。それは、キリスト者全員にたいして同じモラルが妥当することを意味する。しかも、いまや特殊に聖職者的な階級身分が認められない以上、キリスト教的モラルが同じ厳格さで世俗的生活の内部において貫徹されることにならざるをえない。

逆に言えば、そのような世俗的生活の外側に特別に《聖なる》宗教的世界を作り、そこでキリスト教的生活を営むことは許されない。ここで問われているのは、聖人になることではなく、キリストに服従することである。この世において――家庭、労働、さらに日常生活の只中にあって――事柄《ザッハリヒ》に即して規律正しく生きる《神の同労者》として奉仕に励むことである。それは、この世を神によって創造されたものとして再発見すること、信仰の《義認》から生まれる《聖化》の生活を実証する場として、そこでキリスト者の自由を発揮することを意味している。

このような考え方を可能にするものが、ベルーフ（Beruf）の概念にほかならない。ベルーフは、《天職》、《召命》とも訳され、職業召命観と呼ばれることもある。マックス・ウェーバーは、周知のように《ベルーフ》概念がルターの聖書解釈に由来することを証明した。この言葉のルターによる理解を、この言葉の翻訳、特定の解釈、その意味内容の変遷などに即して分析し、《天職》

という意味の用法がプロテスタント的影響をもつ諸国民の言語にのみ見いだされることを明らかにした（ウェーバー『プロテスタンティズムの倫理と資本主義の精神』岩波文庫）。

これは、ウェーバーのプロテスタンティズム研究の中でも、《もっともオリジナルな一節》（H・レーマン）とみなされるもので、方法的にもきわめて現代的な分析である。彼は、《ベルーフ》という言葉をルターがいかに用いているかを通して、新しいプロテスタント的職業倫理の萌芽を発見したのである。それは、カルヴァンによって継承・強化されて、一七世紀のプロテスタンティズムにおいて歴史形成的な影響力をあたえた。周知のように、近代的資本主義の成立に不可欠な《精神》＝エートスを促進する力となるにいたったのである。

それまでルター以前には、このベルーフにあたる言葉として vocatio というラテン語が用いられてきた。この言葉は、カトリシズムにおいては、もっぱら特殊宗教的な聖職者の生活、修道士の生活に入るような場合にのみ使われていた。いまやルターによれば、あらゆる世俗的職業がベルーフと呼ばれる。つまり、あらゆる職業が神によって召し出され、その職業を果たすことによって神の御心に適うものとなるのである。

そのことは、逆に言えば、宗教的な行動や宗教的な生活が、いわば世俗的形式にまったく包みこまれるものになったことを意味する。日々の生活形成の在り方それ自体が、まさに宗教的な意味において神に仕える行為なのである。労働は、生活の資を得るための手段に尽きない。むしろ、自己の労働の成果が隣人の役に立つようにつとめること、そして神の御心に従って隣人に奉仕すること。それこそ、ベルーフであり、労働の本来の内容となる。この日常生活＝《神礼拝》

（Gottesdienst）という思想こそ、職業召命観としてのベルーフの本来の内容を形づくる。

ルターからカルヴァンへ

このように見れば、ルターの場合にも《義認》と《聖化》とは互いに結びつき、けっして切り離されないものであった。しかし、ルターの宗教改革は、基本的には身分制的な伝統と農業を基盤とする《静態的》な社会の中に立っていた。これにたいして、カルヴァンとカルヴィニズムの場合――神学的中核を同じにしていたとはいえ――ルターの場合とは異なり、いっそう近代化への趨勢が明確になっていく時代と《動態的》な社会において発展していった。そこでは、相対的にみて《聖化》の契機がいっそう全面に押し出されることになったのは当然であろう。

すなわち、職業を通して、つねに神の御前に立つものとして行動する厳しい倫理的な義務意識をもつことが求められた。それゆえにまた、普通の労働観からは出てこない熱意と誠実な勤労精神が生まれ、生産と消費という日常生活の合理化を通して、近代社会の形成を促す原動力ともなったのである。それと逆に対応する形で、改革派にたいしては伝統的な秩序を守ろうとする旧体制側からの弾圧も苛烈さを増すことになった。

カルヴァン自身の国家観には、なお権威主義的な色彩が残されていた。ルターの場合と同じく、王権は神によって立てられたものであり、いかに悪い君主といえども神的権威をもつものとして抵抗権は否定された。しかし、カルヴァンは、なお王権が神に反する場合には「人に従うよりも神に従う」例外的なケースのあることを容認していた。こうした「人民の為政者」による抵抗の論理に内在する民主主義的な契機は、彼以後の思想的展開の中で人民主権論として具体化され、フランスのユグノーの闘争、オランダの独立戦争、イングランドのピューリタン革命の原動力となったのである（宮田光雄『国家と宗教』岩波書店）。

　カルヴァン主義者たちは、迫害と亡命の生活に耐えながら福音主義的信仰を守ることに努めた。こうした苦難に抗してなお彼らに闘いつづけることを可能にしたのは何だったか。それは、地上の権威を越えた《神の主権性》＝「ただ神の栄光のために」（Soli Deo Gloria）という神学であり、この神によって救いに選ばれているという《予定》の確かさにたいする信仰にほかならなかった。

　ここで先に紹介した著名なルター研究者カール・ホルがカルヴァンについて論じている一節を、あえて試みに引いてみよう。

「じっさい、カルヴァンもまた、この超越的な理念から現実における実践へ帰っていく道を知っていた。選びの信仰は、彼においては人間の活動を静止させる休止点ではない。彼が神をこの世において永遠に創造しつづけたもう方として、また人間を通して人間に働きかけたもう方として理解していたように、彼は、予定の観念から休みなく行動する原動力を導き出す。聖霊によって自分が選ばれた者であることを証しされた者は、自分がまた業《わざ》に召し出されていることをも自覚する。自分を聖化する中で、また御名を広める中で神の栄光に仕えることは、選ばれた者にとって、けっして終わることのない課題なのである」（ホル「ジャン・カルヴァン」、『教会史論集』第三巻、所収）。

8　二つの宗教改革――ルターとカルヴァン

予定信仰の比較から

この章の表題は、近来、ドイツの内外で話題を呼んできた宗教改革史家ハイコ・A・オーバーマンの遺稿集『二つの宗教改革』（二〇〇三年）のタイトルから借用したものである。最近、日本ルター学会と日本カルヴァン研究会による共同訳が「ルターとカルヴァン」という副題を付けて出版されている（教文館、二〇一七年）。この本では、これまで自明視されてきた宗教改革者ルターの際立った独自性という歴史像に大きな疑問を投げかけ、ルターとカルヴァンの違いが強調されている。

オーバーマンによれば、ルターは、新時代を画する先駆者というよりも、すでに中世後期に胎動していたカトリック改革の流れの中に立っていた。彼は最初のプロテスタントというよりも、基本的には、教皇の侵害にたいして教会を守ろうとしたカトリック改革者だったとされるのである。これに対して、近代世界にたいする宗教改革の歴史的影響は、ルターではなくカルヴァンに帰せられる。

オーバーマンは、一五世紀におけるカトリック改革運動を担ったノミナリズムの出現を中世末期にヨーロッパに吹き荒れた黒死病の時代における社会的動揺と結びつける。ノミナリズムの潮流によって、伝統的なスコラ学的実念論とは異なり具体的個物に向かう研究や批判の空間が開かれた。理性と信仰とは独自の領域をもつようになった。

とくに神の存在をめぐって、これまで説かれてきた《不動の動者》というトマス・アクィナス的な存在論の哲学から、神を歴史の主として働く人格的主体としてとらえる信仰理解へ転換されていった。ルターは、こうした改革に向かう時代的趨勢から断絶していたのではなく、むしろ、そうした中世における《新しい敬虔》の伝統の中で登場したのだ。一般に世紀末の危機やデカダンスが《暗黒の中世》として強調されればされるほど、これまでの歴史像では、ルターの宗教改革のもつ革新性がいっそう明るく描かれてきたにすぎない。

このルターにたいして、オーバーマンは、カルヴァンの思想形成と信仰形態とを対比させ、さらに彼につづく多様な宗教改革の運動を区別して特徴づけている。フランスからの亡命者としてジュネーヴで教会改革を行なったカルヴァンは、その後の第三段階における《亡命者の宗教改革》への過渡期に立つものと位置づけられる。この後の時代におけるカルヴァン派は、政治的・社会的に迫害される少数派として世界の各地を彷徨しなければならなかった。こうしてカルヴィニズムが社会的少数派だったあいだは、言論の自由や信教の自由、政治への市民参加といった近代デモクラシーの推進力となった。

しかし、彼らが勝利して多数派を占めるにいたったとき、その社会の中では彼らの声のみが響きわたることになった。信仰の要求と市民的義務とがもはや区別されなくなるところでは、「聖書的権利は圧政に変わる」。オーバーマンによれば、こうした《全体主義的な反民主的精神》は中世的キリスト教に帰属させられがちだが、カルヴィニズム自身にも内在していたのだと、批判的な指摘を忘れていない。

興味深いのは、この宗教改革史研究において《予定》と《選び》の信仰の重要性がとくに強調されていることである。現代神学においては、一般に予定説は古色蒼然としたキリスト教的遺物とみなされがちである。しかし、《亡命者の宗教改革》として苦難の生活の中で迫害の圧力に屈服しないために信徒を支えたのは、聖書の学びを通して彼らが身につけた神による選びという予定信仰であった。

正統主義的なカルヴァン主義が優位を占める時代に《二重予定》の思想が――選ばれなかった者の拒絶という側面もあわせて――強調されるに及んで、予定説は敬虔な信仰者にとっても当惑を呼び起こす「躓きの石」となるにいたった。しかし、現代においても、なお苦難を恐れず生きていく勇気をあたえる《永遠の選び》の信仰が不可欠である、とオーバーマンは結論している。

以下においては、この予定説を宗教改革の神学的核心として焦点を絞り、ルターとカルヴァンとを対比させながら――その対立点と同時に――両者の根底における信仰理解の基本的な同質性を明らかにしてみよう。

この論点に関しては、すでにウェーバーが、先述した『プロテスタンティズムの倫理と資本主義の精神』の中で、まことに興味深い示唆をあたえている。ウェーバーのこの研究によるプロテスタント的倫理に関するテーゼは、周知のように、これまで社会思想史や社会科学の議論で大きな影響をあたえつづけてきた。これに反して、宗教改革史研究の分野自体では——とくにドイツ語圏においては——代表的な神学者や歴史家のあいだで意外なほど取り上げられることが少なかったようにみえる。オーバーマンの場合にも短く批判的に言及しているにすぎない（H・レーマン『マックス・ウェーバーの《プロテスタント的倫理》』、一九九六年）。

ウェーバーは、予定説が「いかにして成立するか」について、二つの道が可能だったと対比的に論じている。このウェーバーの分析をあえて援用しながら、社会的・政治的倫理の問題まで視野に入れて考えてみよう。

1　ルター《キリスト者の自由》——《奴隷意志論》の根源

ウェーバーのあげている予定論の成立する第一の道は、ルターの場合である。

「アウグスティヌス以来、キリスト教史の上にくりかえしみられるところであるが、偉大な祈りの人のうちでも最も能動的で熱情的な人びとの場合、宗教的な救いの感情は、すべてが一つの客観的な力の働きにもとづくものであって、いささかも自己の価値によるのではない、という確固とした感覚に結びついて現われている。すなわち、罪の感情の激しい苦悶がとり去られたのち、喜びにあふれた信頼の力づよい情感が、一見まったく突如として彼らの上にのぞみ、そうしたかつてない恩恵の賜物が何らか彼ら自身の協力によるものとか、彼ら自身の信仰や意志の業績あるいは性質に関連をもつなどと考えることをいささかも許さなくなるのだ」。こうしてルターは「彼の宗教的天才が最高潮にあり、あの『キリスト者の自由』を書くことのできた当時には、神の〈測るべからざる決断〉〔＝予定〕こそ自分が恩恵の状態に到達しえた絶対唯一の測りがたい根源だ、とはっきりと意識していた」。

ルターが宗教改革の闘いのただ中にあって、『キリスト者の自由』（一五二〇年）を執筆して信仰義認論を打ち出していた頃に予定説を主張したということは、けっして偶然ではない。実は、予定説との格闘は、ルターの生涯を通ずる信仰的課題なのであった。その信仰による克服の道も、かならずしもつねに同一ではなかったのだ。

すでに『ローマ書講義』（一五一五—一六年）においては、試練と誘惑にさらされた信仰者は苦難のキリストと同型になることを問われ、いわば、試練それ自身が彼にとって選ばれていることのしるしとなっていた。キリストと神の言葉が重要な役割をもつとはいえ、まだキリストのみ、御言葉のみというのではなく、試練に苦しむ信仰者自身が決定的に注目されていたと言ってよい。第二回『詩編講義』（一五一八年）を経て、ルターの目は、キリストにのみ集中されるようになり、選びの確かさは自己自身からではなく、つねに《外から》、キリストと御言葉から、獲得されるにいたった。

そこでまず、ルターが『キリスト者の自由』第一部で詳しく展開している信仰義認論を確かめてみることから始めよう。これは、ルターの著作の中でもいちばんよく知られ、三大改革文書の一つに数えられている。一五二〇年秋、一週間ばかりで一気に書き上げられ、いわば宗教改革の闘いのなまなましい息吹きを伝える証言といってよい（石原謙訳・岩波文庫）。

キリスト者の自由

「キリスト者はすべてのものの上に立つ自由な君主であって、何人にも従属しない」。
「キリスト者はすべてのものに奉仕する僕《しもべ》であって、何人にも従属する」（一節）。

ルターは、この冒頭の二つの命題で、キリスト者の生活のいわば根本義を示している。このキリスト者のもつ二重の規定は、一見したところ矛盾しているようにみえる。しかし、この自由な「君主」と奉仕する「僕」との逆説的な結びつきには、ルター自身の魂の緊張がよくあらわれているのである。

ルターは、キリスト者にたいしてこの自由と義をあたえるのは「聖なる福音、すなわち、キリストについて説教された神の言葉」（五節）のほかにないと断言する。「あなたは確乎たる信仰をもってキリストに己れをゆだね、敢然と彼を信頼すべきである」（六節）。ここでルターは、「義とされたキリスト者はただ信仰によって生きる」（ローマ一・一七）という聖句を引いて、「信仰のみ」を強調している。こうして『キリスト者の自由』の第一部で、ルターは、いわば宗教改革の原点となった信仰義認論を詳しく展開する。

ルターの信仰義認論は、「神の言葉」と「信仰」との対応関係において基礎づけられる。ルターは、まず、「神の言葉」が「聖くあり、真であり、義しく、平和的で、自由であり、すべての善にみちている」という。したがって、正しい信仰をもって、これと「合体」するなら、神の言葉のあらゆる恵みがたましいのものとなる（一〇節）。ここでは、ルターは、「神の言葉」のもつ実体的な力から出発している。信仰は、そうした神の圧倒的な力をたんに受容する器管にすぎない。人間の側で、どのように信ずるかということよりも、神の側における恵みの客観性が強調される。

しかし、彼は、ついで「信仰」の意義に説き進む。神の言葉を「確信」するとは、神を真実にして義なるものと認め、神に最大の栄誉を帰すことである。これに反して、「不信仰」とは、神を信頼しがたいものとして拒否し、みずからを賢明だと自負して心のうちに偶像を造りあげることにほかならない（一一節）。信仰するかしないかは決定的な意味があり、信仰は、けっして消極的な事柄ではない。ルターは、信仰の主体性の側面を力強く打ち出してくる。

しかし、これにつづいて彼は、ふたたび「神の言葉」に帰る。「信仰は単にたましいが神的言葉と等しくな……るばかりでなく、さらにたましいをしてキリストと一体ならしめる」。彼は、これをキリストとたましいとの「婚姻」にたとえている。信仰という結婚指輪の交換によって、新郎である「キリストの永遠の義」があたえられる、という（一二節）。しかしここで、いまいちど「信仰」にもどる。信仰は、前の議論に接続して十戒の第一戒をみたすものと規定される。ルターによれば、神にたいする真の讃美は、どんな善行によってでもなく、「心からの信仰」によるほかにはない（一三節）。

こうしてルターの弁証は、「神の言葉」と「信仰」とのあいだをくり返し往復する。まず客観的な神の恵みが告知され、それにたいして神をのみ神とする主体的な信仰が強調される。これは、ルターの信仰がたえず動揺したことを意味するものではない。むしろ、ここには、信仰義認論を生み出した彼の宗教体験の特質が示されているのである。それ以後、ルターの主張は、恵みのみによる救いという教理として神学的に定式化された。

『キリスト者の自由』の第二部は、キリスト者の愛と服従の問題を扱う。信仰がすべてであり、信仰のみによって義とされるとすれば、善行は無用となるのだろうか。けっしてそうではない。業績主義的重圧から解放された人間は、いまや隣人にたいして心を開く。神の恵みに出会い、生きることの究極の意味をあたえられた者は、他者に仕えようとする志へとつき動かされる。第一部の信仰義認論と第二部の禁欲と奉仕のすすめとは有機的に結びついているのである。

生涯かけて信仰と奉仕の業に励みうるためには、あらかじめ日常的な自己訓練をみずからに課すことが必要であろう。こうした禁欲的自己規律は、ルターにおいて、けっしてそれ自体のためになされるものではない。また、それによって神の御前に義とされる人間の業績とするためなのではない。むしろ、それは、他の人びとにたいして仕えるためになされるものである。

キリスト者は、神の恵みによって値なしに義とされたように、またみずからの身体とその行ないとによって隣人に仕えるべきである。ルターは、僕《しもべ》の姿をとりたもうたキリストの模範にならって「わたしもまたわたしの隣人のために一人のキリストとなろう」と訴えている（二七節）。キリスト者の服従を訴えるこの美しい文章は、「神の言葉」を論じて「キリストをよく自己のうちに形成しよう」（七節）という信仰義認論の美しい表現と呼応している。

確信され受け入れられた神による義認は、たんに内面における個人的な救いの喜びにとどまらず、隣人との社会的な関係の中で具体的な奉仕として実証されなければならないのだ。したがって、『キリスト者の自由』は、最後にこう結論する。

「キリスト教的人間は自分自身においてではなくキリストと彼の隣人とにおいて、すなわちキリストにおいては信仰を通して、隣人においては愛を通して生活する。……見よ、これが心をあらゆる罪と律法と戒めとから自由ならしめるところの、真の霊的キリスト教的な自由なのである」（三〇節）。

ここにみられるキリスト者の自由の深い意義は、たんに外なる律法や業績からの自由ではない。むしろ、それは自己からの自由、すなわち、自己自身から解放されて、神と隣人とに開かれることのうちにこそある。それゆえルターは言う。キリスト者は「信仰によって、高く己れを超えて神へと昇り、神から愛によって再び己れの下に降り、しかも常に神と神的な愛とのうちにとどまる」。神の愛に出会うことによって、自由な愛が生み出される。自由な主体として愛のゆえに隣人に連帯するものとなる。このようにルターは、キリスト者であることの本質を自由として規定することができた（D・コルシュ『ルター「キリスト者の自由」注釈』二〇一六年）。

しかし、この独特の自由は、逆説的にも二つの不自由においてはじめて可能になると言わなければならない。すなわち、キリスト者の自由は、一方では、「神の言葉」にたいする絶対的な拘束なしには成立しない。神の恵みに固く結びつくがゆえに、他のいっさいのものを相対化し、それらに従属させられることから解放されるのである。ちょうどウォルムス帝国議会におけるルターの証言が示すように。他方では、キリスト者の自由は、隣人に仕える服従の行為なしにはありえない。信仰が「神の言葉」を聞くことであるとすれば、隣人への愛は、「神の言葉」にたいするキリスト者の服従の応答から生まれる。

奴隷意志論

ルターが「神の予定」に言及したのは、彼の論文『奴隷意志について』（一五二五年）においてであった。それは、前年に発表されたエラスムスの評論『自由意志について』に反対して書かれた激しい闘争の書であった。これにたいして、その翌年には、エラスムスは重ねて『ルターの奴隷意志論への反駁』を出版した。

しかし、元来、エラスムスとルターとは、教会改革についてはー致するところが多かったという事実を忘れてはならない。ルター自身、たとえば九月版聖書のためのドイツ語翻訳にあたって、エラスムスの校訂によるギリシャ語新約聖書の原典を底本として用いた。彼は、エラスムスの人文主義的研究から大きな影響を受け、彼を先達として尊敬していたのだ。

逆に、エラスムスの方でも、選帝侯フリードリヒやマインツ大司教アルブレヒトに宛てた一五一九年秋の書簡では、ルターの生き方や人物について称賛の言葉を記していた。ウォルムス帝国議会の頃までは、彼は、ルターの側に立って共同の闘いを担っていたと見なしてもよいであろう。

しかし、書斎で思索する人間と大胆な行動を恐れない人間とのあいだで、その宗教改革の途は別れざるをえなくなった。基本的にルネサンス・ヒューマニズムに立つエラスムスは、古代的人間像をキリスト教的人間像と和解させることによって宗教的一致に努めようとした。やがて彼は、カトリック教会の圧力に屈して、公的にルターを批判する立場を表明せざるをえなくなったのだ（金子晴勇『エラスムスとルター』二〇〇二年）。

《奴隷意志》の議論には、ルターがどのように予定の問題に接近していったかがよく示されている。ルターにとっては、エラスムスは、人間の自由意志の可能性を前提して、救いの恵みにたいする神人協力を説いた。これにたいしてルターは、いっさいの出来事における神の働き、神のみの働きを、それと同時に、神の予定の真理を明らかにすることが問題だった。すなわち、エラスムスがその評論をモラリストとしての立場から書いたとすれば、ルターにとっては、キリスト教信仰そのものの根拠が問われていた。

そこでは、もっともラディカルな形で《キリストのみ》という信仰的モティーフが明らかとなる。たしかに、論争の書として、ルターの議論は、エラスムスの立論に制約され、厳格な体系的一貫性をもちえなかった。しかし、後年のルターが、この論文を彼の二つの教理問答書とともに自分の最善の著作に数えたのは、けっして偶然ではなかった。

ルターによれば、人間の救いに関する事柄においては、人間の意志は徹頭徹尾自由ではないということが、聖書の証言である。すなわち、パウロが信仰によってのみ義とされると説いているかぎり、人間の自由意志は排除される。人間が自分の力と意志とによって救いのために何かをなしうるとすれば、キリストの十字架は空しいものになるであろう。したがって、ルターにとって、人間が生来罪につながれた奴隷意志しかもたぬという告白は、けっして嫌々ながら押しつけられたものではなかった。むしろ、解放と慰めとに満ちた認識だった。彼は、この自由意志を喜んで放棄する。なぜなら、こうしてのみ、みずからの救いを自分の意志と決断とにもとづかせるのではなく、キリストにより頼むことができるのだから。

こうしてルターは、信仰に目覚めて救いにあずかりうることのいっさいを、神の自由な恵みにもとづくものとした。しかし、信じない人びとはどうなるのか。そこでもまた神が原因と言うべきなのか。じじつ、ルターは、信仰のみならず不信仰をも究極的には神の意志に帰せざるをえない。その神の意志をルターは「荘厳さのうちに隠されていたもう神」と呼ぶ。ただ彼はこう付言する。だれが、またいかなる者が、救いにあずかる者となるかを定めたもう「かの神の秘密の恐るべきご意志……は穿鑿すべきではない。むしろ、神がただ自分だけに留保していたもうて、私たちには〈それを知ることを〉禁じていたもう最も畏敬すべき秘密として、畏敬の念をもってあがめなければならない」（『奴隷的意志について』山内宣訳、『ルター著作集』、聖文舎）。

ルターは、ここで「宣べ伝えられた神」と「隠された神」、すなわち「神の言葉」（＝キリスト）と「神ご自身」とを区別する。「神は御言葉においては罪人の死を願いたまわない。しかしながら、かの究めがたい御意志においては罪人の死を欲したもうのである」。ルター自身は、かならずしも明瞭に、この《啓示された神》と《隠された神》との関わりを説明してはいない。むろん、二つのものは、同一の神として——信仰においては——統一的に受け入れねばならないものであろう。

すなわち、《隠された神》は《啓示された神》となるのだが、しかし、同一の神であることをやめない。啓示によって神の秘匿性が廃棄されるわけではない。しかし、それは、端的に一面的に隠されているのではない。啓示による人間は神を内的に自覚するにいたる。人間が啓示に固着するなら、神が自分の主であることを自覚するようになる。これに反して、《啓示された神》を誹謗する者は、それによって《隠された神》をも失ってしまう。そこでは、神は端的に謎となり、人間は神の存在を疑い、少なくとも神の義にたいして懐疑的とならざるをえない。それゆえ、信仰のみが、本来、隠された神について知ることができる。同時に、この信仰を背景として絶対的な自由と主権性とをもつ神の秘匿性がいよいよ深い秘義として立ち現われてくる。

しかし、ここでルターが《隠された神》から《啓示された神》へ逃れるべきことを強調しているのは重要である。

「だが、目下、私たちは御言葉〔＝キリスト〕を注視すべきであって、かの究め難い御意志は捨て置かなければならない。なぜなら、私たちが導かれるのは御言葉によるのが当然であって、かの究め難い御意志によるのではないからである」。

それゆえに福音において《宣べ伝えられる神》と《隠された神》とは区別されなければならない。福音にたいする信頼において、この相違は、恭順の思いをもって承認し、忍耐をもって受け入れなければならない。《隠された神》は、けっして探究や思索の対象とはなりえないものである。

あきらかに、ルターにおいては、《隠された神》から《啓示された神》への一つのはっきりした傾き＝《高低差》がある。われわれは「ただ神のうちには、究め尽くしがたい御意志があるということを知るだけで十分であろう。……この神は、救いの言葉によってすべての人にいたり、すべての人が救われたものとなることを欲しておられるからである」。このようにルターの予定論は、《恩寵のみ》（sola gratia）というキリストの福音との関わりにおいて見られなければならない。それは、人間の側の努力や善行、功徳といった何らの前提条件なしに、ひたすら神の自由な選びにより頼む信仰の告白である。義認の根拠は、《われわれの外に》（extra nos）ある。この無条件の神の恵みの約束＝予定という固い基盤に立ってはじめて、救いは確実なものとなるのである。

たとえばエーミール・ドゥメルグは、ルターの予定説の果たした解放的意義について印象深い記録を伝えている。「神だけがその御手の中に、一切を掌握したもう。神への服従こそ真の自由！一夕、ハイデルベルクの一学生であった若い修道士ビュセは、自由意志論に反対するルターの講演を聞いた。彼は感激に満たされて、彼の修道者独房に入った。彼は鎖が砕け散って、地上に落ちる物音を聞いたのであった」（ドゥメルグ『カルヴァンの人と神学』益田健次訳、新教出版社）。もっとも、ルターも、アウグスティヌスと同じく信仰の始まりと終わりとを全面的に神の意志に帰せざるをえなかった。こうしてルターもまた、二重の予定に言及している。

「神の人間に対する愛は永遠にして不変であり、神の人間に対する憎しみも永遠である。それも、世の成る前からであって、たんに功績や《自由意志》のわざに先だっているばかりではない。そしていっさいは、神が永遠から愛したり愛したりしたまわなかったりするに従って、私たちのうちに必然的に生じるのである」。

ここでルターは、人類全体が二つの群れに分かれていることを明言している。神の御前における人間の地位は、もっぱら神の自由なる意志にもとづく神の選びと棄却とにかかっている。この神の選びと棄却とは変わることがない。それは永遠から生じているのであって、人間の何らかの行動態度によって影響されるものではないのである。

しかし、ルターは、この問題について論理的な思弁をけっして企てはしない。いわんや、二重予定からその信仰の論理化を展開するのではない。むしろ、ルターは人間の理性に限界を設ける。すなわち、その限界を尊重することを拒む者は、神に反抗する者にほかならない。棄却する神を不正な者として非難することは、不当な、それ自身、首尾一貫しない誤った判断と言わなければならない。なぜなら、神が人間にとって本来ふさわしい棄却を取り消して下さるという使信は、理性からみて真に受け入れ難いもの、不正と考えざるをえない事柄ではなかろうか。しかし、聖書によれば、神なき者の義認という出来事の中にこそ、神の義と真実とがあるのだから。《隠された神》を語るごとに、ルターは、選びの極め難さを通して人間の高慢をへりくだらしめ、神の恵みにたいする信頼を呼びかける。《奴隷意志》論こそ、福音主義的信仰の中核をなすものだった。

エラスムスとの論争は、《隠された神》のみが《キリストのみ》《信仰のみ》という信仰告白の厳しさを守りうるものだったことを教えている。予定説は、救いの確かさにとって、人間の業績努力による支えではなく、神の行為のみを妥当させる《概念的＝神学的保証》をあたえた（K・シュヴァルツヴェラー『十字架の神学――奴隷意志論によるルターの予定説』一九七〇年）。

こうしてルターの予定説を支えたものは、信仰義認の基礎体験にほかならなかったと言ってよい。じじつルターは、その生涯の終わりにいたるまで、予定説をそのすべての前提と帰結とともに保持しつづけた。予定説は、彼にとって、けっして一時的な状況に規定されて《行きすぎた》論争的テーマではありえなかった。

2　カルヴァン《ただ神の栄光のために》――《予定説》の深層

ウェーバーによれば、予定説の第二の道は、カルヴァンの例にみられる。カルヴァンの場合には、行き方は、ルターとはまさに逆であった。

「教義上の論敵に対する論争がすすむにつれて、この教理の重要性が目にみえて増大していった。予定の教説がはじめて十分に展開されたのは彼の『キリスト教綱要』の第三版（一五四三年）であった」。ウェーバーはこう結論する。「まさにカルヴァンにおいては、この〔神の〕〈恐るべき決断〉（decretum horribile）〔＝予定〕の教理はルターのように体験によってえられたのではなく、思索によってえられたものである。したがって、神の義を思い人間を思わない彼の宗教的関心が思想的に徹底化されていくたびに、その重要性もますます大きいものとなっていった」と。

これは重要な指摘をふくんでいる。しかし、はたして全面的に正しいと言えるだろうか。ウェーバーもふくめて、カルヴァンないしカルヴィニズムにおいて予定思想がしばしば《中心的教義》（E・トレルチ）だと言われてきた。たしかに、一面では、それは誤りではない。ルター派の人びとが――たとえばメランヒトンのように――まもなく予定説から身を退き、またツヴィングリがついにそれを正面から取り扱わなかったのにたいして、予定説を一貫して神学的な主題に位置づけたのはカルヴァン派の人びとだった。

しかし、少なくともカルヴァンにおいては予定思想が重要な役割を演じているとはいえ、けっして他の教義がそこから引き出されるような中心ではないことに注意しなければならない。むしろ、それは、カルヴァンの伝記研究者として著名なエーミール・ドゥメルグの言うように、《否定的側面》において働く教義的表現、すなわち、功績主義思想や階層制度を押し立てるカトリック主義を否定するユグノーの闘いを支えた《偉大な恐るべき武器》にほかならなかったのである。「当時は恐ろしい時代であった。福音に対する、そしてまた良心の自由に対する反対勢力がすべて結び合い、いきり立っていた。既に宗教裁判を有していたローマ教皇には、イエズス会士たちが与えられていた。いかにしたらよいか。神から与えられた彼ら〔カルヴィニスト〕の使命を自覚したところの、勝利を疑うことの出来ない英雄が必要であった。あらゆる攻撃にも破られない彼らのよろいこそ、それが予定の教義であった」（ドゥメルグ、前掲書）。

カルヴァンの予定思想

カルヴァンの『キリスト教綱要』（初版）では、予定は独立の項目として扱われていない。選びという言葉が、功績思想の否認を論じた章で散見されるだけである。

たとえば「私たちが自ら世の造られる前に、永遠から彼にあって選び出されたこと、それは私たちの功績によるのではなく、神の意志からなされる目的にかなってである……」という（久米あつみ訳、教文館）。予定思想は救いの確かさに力点をおくものだったことがわかる。ちなみに、この『キリスト教綱要』初版が出版された一五三六年は、エラスムスがバーゼルで息を引き取った年でもあった。カルヴァンが迫害の苛烈化したフランスからバーゼルに逃れてきたのは、この人文主義的偉人たちと共に暮らすためだったと言われている（B・ゴードン『「キリスト綱要」物語』出村彰訳、教文館）。

この翌年に、カルヴァンがジュネーヴ教会のために書いた『信仰の手引き』（渡辺信夫訳、新教新書）において、はじめて「選びと予定について」独立の一章として論じられている。しかし、それは、すべての人をキリストへ招く福音の宣教を、なぜ多くの者が受け入れないのかという経験的事実に即して論じられているにすぎない。

たしかに、この『手引き』では、《予定》の章が《信仰》《義認》《新生》など救済秩序に関するすべての議論の前におかれていた。しかし、すでに一五三九年の『キリスト教綱要』（第二版）では、カルヴァンはいっそう慎重になり、予定は、ようやく救済論の末尾にいたってはじめて説かれているのである。こうした位置づけと思想展開の跡は、カルヴァン予定論を支えた救いと恵みの原体験をさぐる場合、必須の重要性をもつものといえよう。彼は度重なる論争に押し流され、版を重ねる毎に、予定の教理にますます大きな比重をおくようになっていったのである。

さて、『綱要』最終版（一五五九年）において、カルヴァンは有名な二重予定論を明瞭に――じつに四章にわたって詳細に――展開している。カルヴァンにとって、予定論は《極限状況》であり、「死の体系であり、容赦のない論理であり」、必然の帰結だった。「カルヴァンの神は御自身を恐るべき存在として示されるが故にこそ、いっそう救いを保証される神である」のだから（コットレ、前掲書）。

「われわれが〈予定〉と呼ぶのは、神の永遠の聖定であり、よってもってそれぞれ人間に起こるべく欲したもうたことを、自ら決定したもうもののことである。なぜなら、万人は平等の状態に創造されたのではなく、あるものは永遠の生命に、あるものは永遠の断罪に、あらかじめ定められているからである」（渡辺信夫訳、新教出版社。以下の引用では本文中に巻、章、節の数字のみ示す。Ⅲ／21／5）。

何世紀にもわたる論争のなかで、これ以上明瞭な徹底した形で予定説の概念が規定されたことはなかった。ここでは、救いへの選びと滅びへの定めとが、平行して神の決定に帰せられ、救いだけでなく、まさに滅びにいたる予定の二重性が明言されている。世界の創造に先立ち、「神は永遠不変の計画によって、ひとたび救いのうちに受けいれようと決意したもうた者らと、他方、滅びに委ね切ろうと決意したもうた者らとを、ともに定めたもうた。この計画は、選ばれた者に関する限り、値なしの憐れみに基礎づけられており、人間の価値をいささかも顧慮したものではない」（Ⅲ／21／7）。救いにたいする人間のいっさいの協力は排除され、神の選びの自由と主権性とが打ち出されている。

むろん、選びの裏側は捨てられること、滅びに定められることである。カルヴァンによれば、神は人類の一部を——あきらかに多くを——救いから排除したもうた。ここでカルヴァンもまた、ルターと同じく《隠された神》について語っている。こうした二重予定の思想は、すでに見たルターを越えて、さらにアウグスティヌスにまで遡る神学的系譜の中に立っていた。しかし、カルヴァンを特徴づけるのは、その論理的徹底化である。アウグスティヌスにおいて、滅びへの定めは、選ばれないこと（non-electio）、たんに見放され無視されることだと考えられていた。これにたいして、カルヴァンの場合には、滅びへと予定する神の怒りの行為（actio）について語られているからである（W・クレック）。

こうして神の異なった取り扱い方について、神の義には不公平があると告訴する声は少なくない。これにたいして、カルヴァンは断固として反対する。

「万人に負い目がある」のであり、神は罰することにおいて「公平なさばき主」であることを示したもう。すなわち、「主は、あるものには釣り合わないほどのものを与えることによって、御自身の値なしの恵みを示したもう。しかし、万人に与えないことによって、万人にふさわしいものが何であるかを宣言したもう」（Ⅲ／23／11）。

カルヴァンによれば、滅びへの定めは選びの光にともなう影であり、いわばこの「対照によって、神の恵みを明らかにする」ためだった。この「基礎原理」についての無知が「神の栄光をどんなに低めるかは明白である」という（Ⅲ／21／1）。たしかに、このカルヴァン本来の意図を疑うことはできない。しかし、こうした志向において求められる《神の栄光》は、まことに冷厳な権威主義の調子を帯びることになったことも疑いない。彼は、アウグスティヌスとともに、神の予定のうちに隠された秘義を尋ねることをやめるべきこと、むしろ「人類の腐敗した本性のうちに歴然としている、断罪の原因を凝視すべきである」（Ⅲ／23／8）と説くのである。

エーバハルト・ブッシュは、カルヴァンの予定説を論じて、この引用の文章を真剣に受けとるならば「別の言い方」をすべきではなかったかと問いかけている。すなわち、「神は滅び行く若干の人びとに釣り合わないほどのものを与えることによって御自身の値なしの恵みを示したもう。しかし、それを彼らに、ただ御自身の値なしの恵みを与えることによって、他の滅び行く人びとに約束されているものが何であるかを示したもう」と（E・ブッシュ『神認識と人間性』二〇〇五年）。

アウグスティヌスによる二重予定説以来、その聖書的典拠としてよく引かれてきたのが、とくにローマの信徒への手紙九章のテキストである。そこでは、たとえば「ヤコブを愛しエサウを憎んだ」（九・一三）という人間の目からは了解しがたい神の行為――憐れみと断罪――が語られている。二重予定説は、この救済史の過程における神の個別の行為をいわば一般化して、実体的な原理にまで高めたものと言うことができる。そこからは、聖書の重大な誤解が生まれざるをえなかった。今日の聖書釈義では、この九章のテキストは二重予定を根拠づけるものとしては考えられていない。

ここでヤコブとエサウというのは、パウロの好む《対比的例証構造》（G・アイヒホルツ）であり、旧約の二人の人物を並べることによって、その論旨を鮮明にしようとしているにすぎないのである。パウロはその予定説を、歴史以前からの二重予定といったテーマにしているのではなく、むしろ、ここでは、神の恵みによる自由な選びが強調されている。信仰義認論とも連動する契機をもっていることを見逃してはならない（E・ケーゼマン『ローマ人への手紙』岩本修一訳、日本基督教団出版局）。

じつはカルヴァン自身も、このローマの信徒への手紙九章のテキストを次のように論ずることもできたのである。

「これは何を言おうとしたものであろうか。すなわち、主は最も明快に、人間のうちには恵みを受ける何の根拠もなく、ただ、御自身の憐れみのみからその根拠がとられること、したがって、かれらの救いが御自身の御わざであることを言明したもうのである。神がただ御自身においてのみあなたの救いを確定しておられるのに、なぜあなたは、あなた自身にくだって行くのか。また、神があなたに、ただ御自身の憐れみのみを指定したもうのに、なぜあなた自身の功績を論じるのか……」（Ⅲ／22／6）。

ここには、予定説のいっさいのアクセントが《恩寵のみ》（sola gratia）におかれているのを見てとることができよう。われわれは、いっさいの功績なしに救われる、われわれの救いはまったき神の憐れみによる。この予定説によって、われわれのうちに引き起こされる救いの確信、謙遜と感謝こそカルヴァンが本来目差すところのものだったのだ。

カルヴァンの予定説は、たしかに、神の主権と尊厳性とを比類なく表現するものであった。しかし、その原動力は救済論的動機に発していた。神の栄光が救済論と結びつけられるとき、不可解な神意にたいする権威主義的な畏れではなく、救いの確かさに裏付けられた喜びに満ちた神への奉仕が生まれてくるであろう。

カルヴァンが『ジュネーヴ教会信仰問答』（一五四二年）の中で、最後の審判について、それが

「非常な慰め」であり、「恐れおののくべきではありません」と言っているのは、まことに当然だった。なぜなら「われわれの出頭すべき審判者は、われわれの弁護人であり、われわれの訴訟を弁護するために引き受けて下さった、そのお方以外ではありませんから」（『ジュネーヴ教会信仰問答』外山八郎訳、新教新書）。

カルヴァンにおいても、救いはまったくルターと同じく「われわれの外に」（extra nos）基礎づけられており、それゆえ、いっさいの不安と恐れからわれわれを解放してくれる。カルヴァン予定説のこの原体験は、まさにルターその人の信仰体験と重なりあっていたのを見逃すことはできない。

このように考えると、じつは、カルヴァン主義の中心教義が予定論でありルター主義のそれが信仰義認論である、といった通説的な対比は、かならずしも正確ではないことになるであろう。むしろ、二つのものは、救いを神の恵みに負うものとする贖罪体験を共通にしているのだ。それは、ルターにおいては信仰によって義とされる信仰告白を生み出し、カルヴァンにおいてはさらに論理的に徹底化されて明確な二重予定説にまでいたりついた、とみることができるのではなかろうか。

予定説が難解な教理であることだけは確かである。《予定》とは、宗教学的に言えば、永遠の救いにあずかれるか、それとも排除されるかについて、人間にたいして予め下される神の決定のことである。その神の決定にたいして、人間の側からは救いを確かなものにするために、自由意志によって努力する何らの余地も残されていない。人間にとって宗教的な生涯の最後が滅びにいたるか救いにいたるかは、生まれる前から――否、天地創造の前から――すでに決定されている、というのである。

こうした予定説からは、論理的には、宿命論という結論を容易に引き出すことができる。さらには、何をしても同じだという道徳的弛緩や放縦が生まれる可能性もある。イギリスの宗教詩人ジョン・ミルトンが、こうした予定説を批判して、「たとい地獄に落とされようとも、私はこのような神を絶対に敬うことができない」と言ったという話は有名である。

しかし、ピューリタンの場合にも、予定思想の特徴は、それが本質的に恩寵体験であったことを見誤ってはならないであろう。予定意識を引き起こした「この恩寵体験は、きわめて強力であったため、部外者や現代の人間からは理解し難い、その独自の論理、秩序、美をもつことになった」という指摘もあるのである（D・D・ウォーラス『ピューリタンたちと予定説』一九八二年）。

ウェーバーによれば、カルヴァンの予定説は「思索によってえられたもの」であり、「体験」にもとづくルターの場合と異なっていたという。しかし、以上のように見れば、はたして一義的にそう言い切ってよいだろうかと考えさせられる。たしかに、ルターの義認論は、神の恵みの客観性にたいする主体的な信仰告白として成立した。カルヴァンにおいては、この神の恵みの客観性は予定説として論理化され、いっそう徹底した表現をあたえられた。しかし、そこには、ルターと同じ《恩恵のみ》という主体的な基礎体験が背後に立っていたことを見逃しえないであろう。

いずれにしても、予定説の基本的モティーフをこのように見定めうるとすれば、義認論との関わりを切り離して論ずることは正しい理解に導かないであろう。ルターにおいてもカルヴァンにおいても、予定説は、信仰義認論のいわば《深層的次元》（B・クラッパート）を意味するものにほかならないのである。

予定の確証

予定思想と主体的な確信との関わりは、古くは《選びの確証》の問題という形でも取り上げられることが多かった。救済の確かさとは、通常の意味での確実性のことではない。なによりも、それは、地上的なものを持つとか持ちうるかといった確実性ではない。それは、そもそも努力することを要しない静的な所有ではなく、信仰者に課された課題にほかならない。

むしろ、人間は、何らの幻想なしに自分を見つめるとき、救いの可能性について懐疑的にならざるをえないのではなかろうか。救いの確かさがあるとすれば、それは、人間の状態や業績などにもとづくことはありえないのだから。神による選びの信仰そのものも不断に試練と懐疑とに脅かされている。《予定の確証》にたいする問いは、一人びとりのキリスト者にとって、自分はいったい選ばれているのかどうか、どうしたらこの選びを確信することができるかという疑問から生まれたものにほかならない（W・A・ハウク『カルヴァンによる予定と救いの確証』一九五〇年）。

周知のようにウェーバーの分析は、この問いがカルヴァン主義者のあいだに組織的な自己検証を促し、それが日常生活の合理化から、さらにはたゆまない職業労働のエートスをつくりだし、近代世界の起動力となったことを明らかにした。しかし、ウェーバーも認めているように、この問いは、カルヴァン自身にとっては少しも問題にならなかったのだ。

カルヴァンにとっては、自己の選びの確かさの問題は「イエス・キリストにおける選び」（エペソ一・四）を指示することで十分だった。この聖書的根拠をカルヴァンがもちだしていることは、次節で取りあげるバルトの議論にもつながる先駆的な契機をもつものとして注目される論点であろう。

「もしわれわれが彼において選ばれたならば、われわれ自身のうちには、自らの選びの確かさを発見することができず、また、もし父なる神を御子と切り離して考えているときには、御父のうちにもその確かさを発見することができないのである。そうゆうわけで、キリストは、よってもってわれわれの選びを直視すべき鏡でありたもう」（Ⅲ／24／5）。

カルヴァンにとって確かさを示すのは、経験的・心理的に確かめうる現象ではなく、むしろ、キリストにつく信仰を堅忍してもちつづけることだった。真に選ばれた者が信仰を《固守する恵み》（donum perseverantiae）をもつのに反して、捨てられた者たちは、それを欠如している。堅忍するという賜物において、神による選びの恵みは、それが信仰の持続性をもたらすかぎり、救いの確かさにたいする「一定の補足」（W・A・ハウク）をあたえるものとなる。

しかし、この信仰の固守が選びの確かなしるしだというにしても、終わりの日まで信仰を持続することを誰が予見できるだろうか。

「ある人が終わりまで耐え忍び、ある者が道を始めたばかりのところで転落する理由は、これ〔彼ら自身の腐敗〕にほかならないのである。というのは、忍耐そのものが神の賜物なのであって、神はこれをすべての人に無差別にあたえず、ただ、よしと見たもう人にのみ分けあたえたもうからである」（Ⅱ／5／3）。

こうして選びの確かさは、ふたたび信仰者自身のうちにでなく、神の側からのイニシアチブ＝キリストにおいて求められることに帰着する。いずれにしても、カルヴァンその人にも、選びのしるしとして《信仰の果実》という後代のカルヴァン主義的倫理にあらわれる《実践的三段論法》が萌芽的に存在していたと言わなければならない。

たとえばカルヴァンの後継者テオドール・ベーズの場合、確かさについての疑いにたいして、「なされた結果――そこから霊的な生とわれわれの選びとが、ちょうど肉的な生が感覚によって知られるように、確かに認識される結果――へ逃げこむ」ことを勧めていた。そこでは、救いの確かさは、キリストへの信頼ということから独立して、選ばれていることを確実に知るためのしるしとなる危険をもっていたと言わなければならない。

もちろん、カルヴァンその人においては、救いの確かさを人間の経験にもとづけることは不可能であった。《信仰の果実》は「あとになってみて〔選びのしるしとして〕はじめて意味をもつ」のであり、「良心を固くする基礎をすえることに関しては、何の場所ももた」なかった（Ⅲ／14／19）。

とはいえ、このしるしは、カルヴァンにとっても、けっしてどうでもよいものではなかった。なぜなら、それは、信仰を強めることの上に少なくない力をもっているのだから。こうしてカルヴァンにおいては、先の三段論法は、なおキリストにたいする信頼に根拠をおく確かさという限界の中におかれていた。とは言え、こうした三段論法の相対的評価が、その後継者たちによってキリストへの信頼から独立させられ、確かさをめぐる本来的な関心事となっていく危険があったことも否定できない。

ウェーバーの言い方を用いれば、「彼らにとっては、救われていることを知りうるという意味での《救いの確かさ》が、この上もなく重要なこととされないわけにはいかず、……《選ばれた者》に属しているか否かを知ることのできる確かな標識があるかどうかという問題が、無くてはすまさせないこととなっていった」。この連関で、ウェーバーは、後のウエストミンスター信仰告白（一六四八年）を引いて、その「無益な僕《しもべ》」といった自己批判的留保にもかかわらず、「選ばれた者に誤りえない恩恵の確かさの予期をゆるしている」と指摘している（『ウエストミンスター信仰告白』（日本基督改革派教会信条翻訳委員会訳、新教新書）。

むろん、こうした発展にたいして、カルヴァンその人に直接的な責任を帰すことはできないであろう。しかし、次のこともまた否定できないのではなかろうか。すなわち、カルヴァンの説いたような――キリストの啓示から独立して――神の《絶対的決断》という秘義の前に人びとは耐え通すことができず、そこに生まれた「特別な選びへの、あのきわめて有害な試練」（ベーズ）からの逃げ道を求めざるをえなかったということである。

カルヴァン以後、テオドール・ベーズに代表される次の世代に帰せられる問題点の中でもっとも重要だったのは、《二重予定》を過度に強調したことであった。それは、時代を経るにつれて改革派の中枢的教理として強まる一方だった、と指摘されているのである（ゴードン、前掲書）。

9　宗教改革者たちを越えて
カール・バルトの予定信仰

1　神の恵みの選び

現代神学において、まったく新しい観点から予定説をとらえ直し徹底的に論じえたのは、おそらくカール・バルトただ一人であろう。バルトは、予定説を《神の恵みの選び》と呼ぶ。それは、明確に「福音」として理解されるべきであり、まさに「福音全体、福音の要約」であるという（『教会教義学』第Ⅱ巻第二分冊、吉永正義訳、新教出版社）。

これまで、予定説と言えば、人間の永遠の運命をめぐる神の秘義に関わる問いであり、人間の理解を絶した暗黒と取り組むもののようにみられてきた。《神の恐るべき決断》という先述のカルヴァンの言葉を思い出すこともできよう。バルトは、それを「本物でなく、不快な、いずれにしても深く非キリスト教的な神秘劇」と呼ぶ。これに反して、《恵みの選び》は、ここでは神の《然り》がすべてのものを支配していること、けっして神の否定ではなく、制限されることのない自由な恵みが妥当することを告げている。

したがって、バルトにとって、光と闇とを釣りあわせるような、いな、闇の方が圧倒しているような予定説のとりあげ方は耐えがたいものであった。たしかに、バルト自身も、カルヴァンがアウグスティヌス以来の予定説論者たちと同様に、恵みの選びという真理を肯定的に評価していたことを認めてはいる。しかし、カルヴァンが教理的に厳格に論じ始めるところでは、「選びと棄却」という「宿命的な平行性」なしにすますことができなかった、と断じているのである。

バルトの大胆な修正を可能にしたのは、彼の神学的基調である《キリスト論的集中》によってである。これまで永遠の予定が語られるとき、それは、つねに《隠された神》の意志との関わりにおいて取り上げられてきた。しかし、この《隠された神》の姿をバルトが拒否するところに、宗教改革者たちにたいする彼の原則的な相違が明らかになる。バルトにとっては、神の恵みの予定は、《啓示された神》の意志そのものにほかならない。

「選びとは何であるか、神によって選ばれた人間存在は何であるかを、われわれが知りたいと思うならば、われわれは、すべてのその他のものから目をそむけて、……あのかた、すなわち、イエス・キリストという名前に注目しなければならない」。

われわれは、何らか抽象的な神について語るのではなく、キリストにおける神について語らなければならない。こうしてバルトは、その予定論を「イエス・キリストの選び」という見出しのもとに積極的に展開していく。

イエス・キリストの選び

これは二つの側面をもつ。すなわち、選びはイエス・キリストから、イエス・キリストによって遂行された選びであり、さらに選びはイエス・キリストにおいて出来事として生じた選びでもある。それをバルトは、イエス・キリストが「選ぶ神」であり、また「選ばれた人間」である、と規定する。それは、イエス・キリストは選びの主体であり、また客体である、というわけである。この二つの命題の中に、バルトの予定説全体が総括されていると言ってよい。

まず、《選ぶ神》ということについて。イエス・キリストは、神の選びにともに関与し、彼自身が行為としてあらわれた神の意志にほかならない、と解されている。バルトは、ヨハネによる福音書プロローグの冒頭のテキストの解釈から、神の道がその根源からしてキリストにおける道であるという。神の選びは、キリストにおける選びであり、そのかぎりにおいて人間に関わる選びである。選びにおける神の《決断》が語られるとすれば、まさにイエス・キリストの出来事にあらわれた《具体的決断》（decretum concretum）として受けとめられねばならない。

さらに《選ばれた人間》について。バルトによれば、人間が「キリストにあって」（エペソ一・四）選ばれたのだとすれば、それは「彼の人格の中で、彼の意志の中で、彼自身の神的な選びの中で」ということを意味している。イエス・キリストにおいて生じたのは、「神が、ご自身この人間となられてから、ご自身を、その敵となった人間のために責任を引きうけたもうということ、神がそのような人間の行為の結果全体、彼の棄却と彼の死をご自身の事柄となしたもう」ということにほかならない。

しかし、また神は死人の中からイエスを甦らせ、「ご自身の御子として確認し」たもう。彼は「ただ神の恵みを通してだけ」神の子であり、そのようなものとして、「まさに彼がキリストとなられたように、われわれはキリスト者となる」とバルトは言う。すなわち、「人間イエスの中で、神は、言うまでもなく、そもそも人間それ自身を愛したもう。したがって、彼は人間イエスを、すべてのそのほかの人間の先頭において、彼らの代わりに、選びたもう」。

それでは、二重予定はどうなるのだろうか。バルトは、予定説の歴史においてくり返し語られてきたように、神の永遠の意思が「然りと否」とをふくんだ「二重の意志」であること、したがってまた、神の予定が「二重の予定」であることを否定するのではない。ただし、バルトは、二重予定の伝統的な考え方を完全に転換するのだ。すなわち、バルトによれば、選びと棄却というのは二つのグループに分けられた人間のそれではなく、本来、イエス・キリストにのみ関わる出来事として生ずるのだという。

神の永遠の意志である「イエス・キリストの選びにおいて、神は人間にたいしては第一のこと、すなわち、選びを、祝福と生命とをあたえることを決定したまい、しかし、ご自身にたいしては、第二のこと、すなわち、棄却を、断罪と死とをあたえることを決定したもうた」と。棄てられること、滅びへの定めは、人間の事柄ではなくして、ただ一人、神ご自身の御子にのみ関わる事柄だという。そのことによって、まさにあのように恐れられた二重予定は、人間にたいしては存在しないものとなった。こうしてバルトは結論する。

「神の予定を信じる信仰は、それ自体として、人間が捨てられないことを信じる信仰である。

……予定は、神によって永遠からして決定された人間の無罪宣告のことである」。

それでは、捨てられる人間は皆無なのか。たとえばイエスを裏切ったユダの運命はどうなるのだろうか。バルトは、ユダの運命について――絶望とみえるところにある希望について――小活字による補説で、じつに五〇頁にわたって詳細に論じている。

バルトによれば、恐るべき罪責にもかかわらずユダもまた自分に下された選びから逃れることはできない。ユダは、イエスを《引き渡す》というその裏切りの行為によって、彼なりの仕方で十二使徒の一人としての使命を果たした。まさにそのことによって、神の救済の決意が成就することに協力しているのだというのである。バルトは、ユダもまた――ピラトとともに――「新約の執行者」であり、じっさい、――パウロもペテロもなしえなかった仕方で――神の救いのわざそのものの「奉仕者」となったのだという。まさにユダの例において、いっさいの人間の罪にたいする神の恵みの選びのもつ圧倒的な勝利が明らかにされねばならないのである。

このように論じてくるとき、バルトにとって、《選ばれた者》と《捨てられた者》との対立を「原理にまで高める」ことはできない。そこでは、経験的な事実として神の言葉を聞く者と聞かない者、信ずる者と信じない者との違いが存在するにすぎない。そのかぎりにおいて、互いのあいだの彼らの対立は、――固有の厳しさを失わないとは言え――にもかかわらず「ただ相対的な対立」であるにすぎない。

すなわち、一方は、すでに自分の選びを知り、かつ選ばれている者として生きるのにたいして、他方は、選びを知らず、認めようともせず、この選びに反抗して生きるという危険な道を歩む者なのである。彼らは、けっして絶対的に《捨てられた者》なのではなく、いわば《条件つき》で、《潜在的可能性》として捨てられているにすぎない。なぜなら、本来的に捨てられた者、神の怒りをまことに担い、そして取り去りたもうのはイエス・キリスト以外にはいないのだから。

こうしてバルトによれば、神を信ずる者も信じない者も、ことごとく「恵みの選びというドームの円天井」の下に取り込まれ、逃れがたく立っているのである（W・クレック『カール・バルトの教義学における根本的決断』一九七八年）。

「（イエス・キリストの選びのゆえに）選びの自由な恵みが人間の力強い神的な定めであり、しかし、すべての者に当然妥当した棄却は（イエス・キリストの棄却のゆえに）同じような力強さで、神によって人間の定めとしては否定される。天国は開かれ、地獄は閉ざされ、神は正しいとされ、悪魔は反駁され、生命は勝利をおさめ、死は克服され、この約束を信ずる信仰は唯一の可能性であり、この約束にたいする不信仰は排除された可能性である」。

2 バルトと万人救済説

批判と論争

しかし、こうしたバルトの論理の行きつくところ、普遍的な万人救済説にいたる可能性をもっているのではなかろうか。この点をもっとも鋭く問いつめたのは、エーミール・ブルンナーであった。ブルンナーは、バルトがかつて存在したどの論者より「はるかに決定的な」「もっともラディカルな」万人救済論者だとみなす。究極的には神の審きを排除するバルトの説は「聖書に反する」「危険な謬説」であると糾弾する（ブルンナー『教義学』第一巻）。

ブルンナーによれば、いっさいの決断がキリストにおいて、しかも万人の救いのために下されたというバルトの論理には、彼の神学に当初から一貫する固有の特徴＝神学的《客観主義》が典型的にあらわれている。すなわち、そこには、神の啓示と信仰との分裂、客観的な神の言葉にたいする主観的契機の従属などの問題性がある。こうしてブルンナーは問いかける。キリストにおける神の決断と信仰における人間の決断とは、いったいどう関わるのか、と。

同じような疑問は、その他にも、たとえばオランダの組織神学者ヘリット・C・ベルカウワーからも提出されている。バルト神学においては神の恩寵が《原理》として強調されるため、ほとんど《万物復興》（apostastasis）の一歩手前まで近づき、宣教の可能性と人間の決断のもつ重要性とが欠落する恐れがあるのではなかろうか、と（ベルカウワー『バルト神学における恩寵の勝利』一九五七年）。

こうした批判的な問いかけにたいして、二つのことが言われなければならない。

まず、疑いもなく、聖書には、ブルンナーの線に並んで、バルトがラディカルに選択した今ひとつの線が存在する。すなわち、救いについて、いっさいは神のわざであり、人間の決断がそれを補充したり競合したりすることはありえないという基本線である。パウロやルターの信仰義認論はそのことを力強く表現したのであり、カルヴァンの予定説はそれをいっそう論理的に徹底したものだった。

　ここでは、バルトは、こうした宗教改革者たちよりも、さらに徹底的に人間のいっさいの協力（cooperatio）を排除することによって《ラディカルに福音主義的》と言えるのではなかろうか。カトリックの神学者ハンス・U・フォン・バルタザルの表現によれば、バルトにおいて、いわば「はじめて真正のプロテスタンティズムがそのまったく首尾一貫した形を見いだした」ということもできよう。じっさい、神の恵みによる選びという、ほとんど六〇〇頁にも及ぶ予定論は、《一種の神頌歌》にも比せられている（フォン・バルタザル『カール・バルト』第二版、一九六二年）。

　予定論は、バルト神学において《中心的》な位置を占める教説であり、その《喜ばしいメロディ》（G・クラウス）は『教会教義学』の構造全体に刻印されている。バルトは、第二次大戦の渦中にあって、予定論のこの息を呑むような新しい解釈を提示したのだ。ここでは、彼の神学における《キリスト論的集中》が、後の『和解論』（『教会教義学』第Ⅳ巻）以前において最初の頂点に達している。神―世界―人間について語られるべき事柄のすべて、それら相互間に生ずることのすべての事柄が、キリストから、キリストに向かって徹底的に考え抜かれているのである。

　バルトもまた、神の自由にもとづく《秘義》を認めないわけではない。にもかかわらず、そこでは、《隠された神》を語る余地はなく、神は、徹頭徹尾、《啓示された神》でありつづけるのである。それは、神に対する《畏敬》を教えるための《理解すべからざるもの》なのではなく、バルトにおいては、むしろ人間を益する、人間を肯定する神の《愛の秘義》にほかならない。

　このように、イエス・キリストにおいて確定的にすべての人間が救いに選ばれているとされる限り、バルトにとっては、《万人救済》は事実上「最後の言葉」ではなかろうか。――「たとえ形而上学的ないし論理的必然性にもとづくものではない」としても。このようにバルトにたいし、いわば肯定的に結論する意見も出されている（H・ローゼナウ『万物和解』一九九三年）。逆に、ローゼナウからは、ブルンナーたちによるバルト批判にたいして、それが信仰的決断を強調するあまり神人協力説に傾きすぎて宗教改革的な《恩寵のみ》を見失う危険があるのではないか、と批判的な指摘も出されてくる。

しかし、こうした両側からの論断――すなわち、バルトが万人救済説に立つとする批判的見解についても、あるいはそれを肯定し支持する意見についても――そのいずれの解釈も、彼自身は、自分の立場として認めようとはしないのである。むろん、彼は一方では、神の約束の妥当性を原則的に制限する二重予定説に反対したが、他方では、原則的な普遍主義＝万人救済説の立場にも反対しているのだから。

バルトはこう言うのだ。イエス・キリストにおいて啓示された神の意志は、「その意図によれば、すべての人間が救われることを目差しているし、その能力に従えば、すべての人間の救いにとって十分なほど力強いのである」。したがって、われわれは、イエス・キリストにあって選ばれた者の数が「開かれている（offen）多数」であるということを、古典的な予定説のするように「閉じられた多数」として限定する考えを厳禁しなければならない。同時にまた、この「開かれている多数」を「すべての人間の全体性」にまで拡大して一般化することもできない。

バルトは、ここで「宣教の開かれた状況」について語っている。ここには、一方におけるイエス・キリストによる反抗しえない神的な恵みと、他方における、この恵みに反抗する人間的な敵意という二つのものが対立しあった状況がつづいている。にもかかわらず、バルトの立場には、あきらかに一定の《傾斜》があることも否定しえない。

「教会は、けっして万物復興のことを宣べ伝えてはならないが、しかしまた、イエス・キリストの無力な恵みと、その恵みにたいする人間の優勢な悪意のことを宣べ伝えてもならない。むしろ、そこでの対立を弱めることなしに、しかしまた、二元論的に自立するのではなしに、恵みの圧倒的な優越性と、それにたいする人間的な悪意の無力さとを宣べ伝えなければならない」。

予定信仰の主体性

こうした厳密な規定の仕方には、組織神学者としてのバルトの周到な配慮がよくあらわれている。いずれにせよ、予定説は、バルトにとって、人間の運命についての客観的な記述や定義ではまったくない。むしろ、「汝こそそのひとである」（Du bist der Mann!）という――預言者ナタンがダビデを指さして口にした言葉のように（Ⅱサムエル一二・七）――直接に自分に迫ってくる「語りかけ」（Anrede）であることに気づくときにしか、予定説を正しく理解することはできないのである。

バルトは言う。予定説は「ひとつの対象についての理論ではなく、むしろ、その都度、一人の主体に向かって語りかけられる語りかけである」。この主体は、その都度、語りかけられたことを聞くこと、あるいは聞かないこと――信じること、あるいは信じないこと――を通して決断を下し、「態度決定」をしていかなければならない。恵みの選びというこの神の約束は、その聞き手あるいは読者にこう語りかける。

「汝はここで、他者について語られるところのことを、けっして聞いたり読んだりすることはできない。汝はここで、観客席にいるのではなく、舞台の只中にいる。まさに、汝のことが言われている。汝こそが〈この〉個人である」。

この「語りかけ」を受けとるのをためらう者にたいして、バルトは、さらに具体的に畳みかける。

「汝は神に相対して引き離され孤立している、したがって、神なき者である。……まさに汝のためにこそ、イエス・キリストは死なれ、甦りたもうた。まさに汝こそがイエス・キリストとともに、イエス・キリストを通して、選ばれたのである。さてまさに、今や、汝に向かってすべてのことが語られた後で、汝は、汝に向かって語られたことにたいして責任をとり……（汝に向かって語られたことの）真理を確証しなければならず、また確証するであろう」。

バルトのこうした論述の仕方は、もはや固苦しい教義学の説明ではなく、彼自身がみずから生きている信仰告白を直接に訴えかけようとする説教の言葉に近い。いっそう適切に言うなら、万人救済を神学上の一般的理論としてあらかじめ人間の側から《計算に入れる》ことは許されない。しかし、それを神にたいして《希望する》ことが人間に命じられているのである。予定は、神の自由な恵みとして生ずる《出来事》なのであり、けっして万人を《自動的》に包み込む《法則》や《原則》ではありえないのだ。

むろん、予定説を論ずる神学論文としては、バルトは、あくまでも第三人称で記述せざるをえなかった。しかし、そこで意味されているのは第一人称であり、ひいては第二人称も含蓄されているであろう。すなわち、バルトが「選びはイエス・キリストにおいて行なわれ、それは逆転させられない」というように三人称的に語るとき、本来、この発言の主体となっているのは、第一人称としての主なる神でなければならない。

さらにまた、イエス・キリストにおいて下された判決のゆえにわれわれにたいして神の然りが妥当すると言われるとき、それは第二人称としての汝に、つまり人間一人びとりに向けられた切実な招きにほかならない。予定説を正しく聞きとり理解するには、「われわれが、みずからを、罪の判決に服する者であり、ただキリストのゆえに罪から解放された者として理解するときにのみ」可能となると言うべきであろう。

こうした神学的論理の構造的特質は、バルト自身の表現を用いれば次のように言い表すこともできる。「一般に予定については――結局のところ誰も神の会議の席にいた者はいないのだから――アプリオーリに語ることはできず、ただ回顧的に（retrospektiv）語ることができるだけだということは、まったく明らかである」（『教会教義学』第Ⅳ巻第二分冊、井上良雄訳）。

この場合、回顧的というのは、「神の永遠の意志の認識の根源は、時間の中で遂行された神の行為「イエス・キリストによる十字架と復活」の認識以外のものではない」という信仰的告白に由来するものだからである。そうした主体的な出会いの出来事を離れて、いわば歴史の外側に出て――あたかも神と等しい存在でもあるかのように――傍観者の視点に立つなら、予定説は、信仰から離れた「一般的な世界観」(H・ツァールント)に堕してしまうだろう。このように「実存的な連関」を失うなら、それは、歴史的な宿命論に導かれざるをえない。

逆に言えば、バルトの神は、人間の理解を超えた抽象的な絶対者、全体主義的いわんや権威主義的な性格をもつ存在なのではない。つねに人間にたいして関係を失うことなく自己を啓示することをやめない神なのである。したがって、予定の信仰は、人間がたんに絶対者としての神の操り人形のようになることではない。それは、神の恵みの選びによって、神と対話し、信仰を告白し、愛を実践することのできる共に生きるパートナーとして人間を立てるものである。最終講義『キリスト教的生』(天野有訳、新教出版社)においては、人間は、まさに「万物復興の秘義」というメッセージを伝達する使命をあたえられた存在とされているのだ！

このことから明らかになるのは、バルトが新しく定式化した予定論の核心は、救われる者と救われない者とをめぐる二重予定についての可否の議論などではないということである。むしろ、バルトにとって中心的な問題は、イエス・キリストにおいて神が何よりもまず神御自身について《恵み深き神》であることを「決意されている」(『教会教義学』第Ⅳ巻第一分冊)ということなのだ。この『和解論』の言葉を用いるなら、人間と被造世界にたいする《神の自己義認》(U・ケルトナー)という驚くべき事実が生じているのである！

バルト予定論の射程

最後に、バルトの予定論全体の基本的輪郭をまとめてふり返っておこう。

これまで見てきたように、神の恵みとしてのイエス・キリストの選びには人間の選びもふくまれている。しかし、バルトは、これまでの「古典的な予定論」とは異なり、「それほど急いで」まず「個人の選び」を取り上げようとはしなかった。彼はその予定論を独特の視点から二段階に分けて、「神の民の選び」と「個人の選び」という順序で論じていく。その考え方は全体として将来志向的であり、神の国の拡大というダイナミズムに貫かれ、スタティックな救済エゴイズムが入る余地を残さない。

まず問われるのは、この世への宣教に仕える教会の選びとその責任であり、その後、ようやく個人の運命、すなわち個人の《予定》が問題となるのである。すなわち、教会とその中で個々の人間は、神の契約のパートナーとして、主を証しするため、また人びとを恵みの選びと予定へと招くために選ばれているのである（佐藤司郎『カール・バルトの教会論』新教出版社）。

予定論の冒頭で、バルトは、ローマの信徒への手紙の第九―一一章について、きわめて詳細かつユニークな読解を通して選びと予定の問題を論じている。その際、「イスラエルにたいする神の肯定」を証言するパウロの主張を読者に想起させる。その上で「イスラエル」と「教会」とが「一つの神の民」の「二つの形態」であることを確認し、さらに両者の関係について独特の規定をあたえていく。すなわち、「イスラエル」は神の選びに「逆らうユダヤ人の民」として神の《怒りの証人》であり、「教会」は神の《選びの証人》として召し出された「ユダヤ人と異邦人からなる集まり」である、と。

しかし、この規定によってバルトは、イスラエルにたいする「最終的判決」を下しているのではない。イスラエルの存在は、あくまでも「神の契約の中の出来事の一つの契機」として位置づけられているにすぎない。バルトによれば、「教会」は、同じく神に「選ばれた民」でありつづけるイスラエルという「根」から生きることができるのであり、それによってはじめて「イスラエルの定め」である「神の民」の生を実現しうるのだ、ということが明示される。

すでによく知られてきたように、こうしたバルトによる「イスラエル」の規定については、《イスラエル神学》の立場から、もっと厳密な表現を求める声が上げられてきた。それは、バルトの図式には旧約の約束を継承するのはキリスト教会であるという伝統的な解釈と同じ神学的偏見が残されているのではないか、という批判的な問いかけである。イスラエルの苦難の歴史は神による《棄却》のしるしではなく、むしろ、選ばれた民の《真実さ》のしるしとして見直すべきではないのか、というのである（F・W・マルクヴァルト『キリスト教神学にたいするユダヤ教の発見――カール・バルトの思想におけるイスラエル』一九六七年、など）。

ここでは、その詳細には入らない代わりに、一つだけ重要な時代史的コメントを加えておきたい。すなわち、バルトの予定論が『教会教義学』の続刊（第Ⅱ巻第二分冊）として出版されたのは、一九四二年春のことであった。それは、ヒトラーのヨーロッパ支配が挫折する最初の徴候を見せ始めた時期と重なる。同じ一九四二年一月にはベルリン郊外において悪名高い《ヴァンゼー会議》が開かれて間もない頃である。

すでにそれに先だって、第二次大戦の帰趨に危惧を覚え始めたヒトラーは、その年来の課題であるユダヤ人政策をドラスティックな形で決着しようと決意していた。この《ヴァンゼー会議》

には、ヒトラー親衛隊（SS）やナチ党幹部の他、多数の関係省庁の高級官僚が参加して、《ユダヤ人問題の最終的解決》を議題として具体的細目を協議決定した。その対象とされたのは総数一一〇〇万人以上に及ぶヨーロッパのユダヤ人であり、それ以後、《ホロコースト》と呼ばれるようになるユダヤ人絶滅政策が一気に押し進められるにいたった。

バルトの「神の民の選び」は、きわめてユニークな論理をとりながらも、当時のナチ・ドイツに代表される《反ユダヤ主義》を断固として否定し、ユダヤ教の《シナゴーグ》とキリスト教の《エクレシア》との連帯性を公然と弁証したものであった。それは、バルト神学の《傑出した時代史的関連性》（B・クラッパート）を象徴するものにほかならない。

バルトは、この予定論出版の二年後（一九四四年七月）に次のように語っていたのだ。

「今日の〈時代の出来事〉の只中において、ユダヤ民族に対するまさにあの底なしの、そして抵抗しえない仕方での屠殺と犠牲とにおいて私たちの眼前におかれているのは、いったいいかなる光景なのでしょうか。……無数のユダヤ人たちの運命において見うるものとなるのは、イザヤ書のあの神の僕、〈鏡の中で謎の姿として映る〉私たちの主イエス・キリスト御自身ではないでしょうか。何という比類なき啓示の徴、何という比類なき神証明！……その棄却がここで今一度そのまったき理解しがたさにおいて見うるものとなるのは、迫害され殺されているそのユダヤ人の影像において、実にあなたなのであります！」。

すなわち、ナチ・ドイツのユダヤ人根絶政策は、まさにバルトが予定論で確言した教会の基礎である「根」を破壊することによって、「神の選びの秘義にたいして反抗しているのです。そのことによって、人間を神と結びつける唯一のものに手を下しているのです。そのことによって、神と人間とのあいだに成し遂げられた和解を解消し去ろうとしているのです」（バルト「今日の〈時代の出来事〉におけるキリスト教会の約束と責任」、『バルト・セレクション5』天野有訳、新教出版社）。

こうしたバルトの解釈を踏まえて、クラッパートは、キリスト論から引き出されるバルト予定論のもつ広大な「射程」を要約しているのだ。「教会の根でありつづけるユダヤ人を絶滅しようとする試みは、神とこの世界の和解を絶滅し解消する試みである」と（クラッパート『和解と希望』寺園喜基編訳、新教出版社）。

ボンヘッファーの『獄中書簡』には、彼がこのバルトの「予定論」を差し入れてくれるように密かに親友ベートゲに依頼した手紙も残されている。当時、ヒトラー政権下においては、バルトの著作はすべて禁書の対象であった。しかし、すでに一九四〇年代初めには、この予定論は、僅かの部数ながら『カルヴァン研究』と銘打たれて、秘密警察の監視の目をくぐり抜け、スイスからドイツへ持ち込まれていたのだ。イスラエルと教会との連帯を説くバルトの文章に励まされて、ドイツ各地には、迫害されるユダヤ人救出のために地下活動を恐れない少数のキリスト者が存在したことも証言されている。

終章　ルターはヒトラーの先駆者だったか

宗教改革の思想的遺産をめぐってここまで辿ってきた読者の多くは、この「終章」の表題に少なからず違和感を覚えられるかもしれない。宗教改革五〇〇年を記念した日本における多くの出版物でも、このテーマは一般にはまったく顧みられてこなかったように見えるからである。しかし、これは、ドイツ近現代史におけるルターの影響史にとって最重要問題の一つでありつづけてきたのである（宮田光雄『ドイツ近代政治思想史研究』創文社、参照）。

以下においては、第二次大戦中や戦争直後の時期に連合国側で盛んだった代表的な議論とともに、五〇〇年記念をめぐって最近ドイツで再燃している論議も短く紹介しながら――本書における基本的な神学的視点から――批判的な反論を加えてみよう。

1　ルターからヒトラーへ？

すでに本書の冒頭で、宗教改革を記念する一〇〇年毎の祝祭がドイツのナショナリズムと結びついていたことを指摘した。そうした傾向は、とくに一九世紀及び二〇世紀前半においては、いっそう顕著となり、ルターは政治行動や政治文化の理想像となった。

たとえば一八八三年のルター生誕四百年に際して行なわれた歴史家ハインリヒ・フォン・トライチュケ（ベルリン大学教授）による祝祭講演。そこでは、ルターは、力強いゲルマン主義の代表者、ドイツ的内面性の具現者、なかんずくウォルムスで皇帝と帝国とを前にして《闘うミカエル》のように立った国民の英雄的指導者として讃えられる。「この原生的なドイツ農民の子の深い眼差しからは、世界の目を避けることなく、むしろ、倫理的な意志の力によって世界を支配しようとするゲルマン人の古い英雄的豪胆さが顔を出している」のだ、と。

トライチュケによれば、「プロテスタンティズムは、全体としてみれば、キリスト教のゲルマン的形態であり」、ローマの専横な支配から解放したルターの行為は、「ナショナルな国家権力」を、そして「主権をもった国家」を「倫理的秩序」として強化するものだった。こうしてカトリックのオーストリアを切り離した形でビスマルクによって達成された第二帝制の建設は、ルターの名の下に正当化されたのであった。

つづいてルター生誕四五〇年を迎えた一九三三年における神学者ハンス・プロイス（エアランゲン大学教授）による祝祭講演。彼は、キリスト教美術史に関する大著で注目され、一九三〇年代初めには一連の伝記的研究によってルター学者として著名だった。彼の祝祭講演『ルターとヒトラー』では、この年の一月に成立していたヒトラーの政権を、ルターと並べて「ドイツ民族を救済するために」神から召し出されたものとして正当化している。

当時、ナチ政権側からもポスターや絵葉書として普及していた宣伝文書には、「大王（＝フリー

1　H.v. ノルデン作の絵葉書（1933年）

ドリヒ〕が征服し、侯爵〔＝ビスマルク〕が造形し、元帥〔＝ヒンデンブルク〕が防衛したものを、兵卒〔＝ヒトラー〕が救出し統一した」というスローガンが踊っていたのだ（**図1**）。ここには、ヴァイマル共和国の危機と混乱の中で民衆のあいだに広がっていた指導者待望の雰囲気にたいして訴えようとする意図が反映していると言ってよいであろう。

　プロイスによれば、ルターとヒトラーとの平行関係には、一見偶然とみえる派生的な事柄でも「注目すべき一致点」があるとされる。たとえば二人とも、「当初はまったく無名の人として」登場した。一方は「修道士たちの中の修道士」として、他方は「世界大戦の無名の下級兵士として」。その後、彼らの運動は、ますます大きな成功を収めるにいたった。その際、二人とも素晴らしい新発明を活用するすべを心得ていた。すなわち、「宗教改革者は印刷技術を」、「二〇世紀の指導者はラジオという信じ難い生きものを」……。

　しかし、プロイスにとっていっそう重要だったのは、ルターもヒトラーも、「民衆の前で深く神と結びついている」ことを自覚していたということである。ルターについては自明の事実だが、ヒトラーもまた深く宗教的な人間であり、彼の行動は揺るぎない神信頼に裏打ちされているという。プロイスは、ヒトラーがその演説の中でしばしば「摂理」という言葉を用い、危機的な状況に立ち到ると「全能者」の助けを求め、ドイツにおける政治的変革を神の働きによる奇跡のように理解している人間として示す。

こうしてプロイスの下す結論。ルターもヒトラーも「ドイツの救済」をもたらしたのであり、「感謝する民衆は歓呼しながら、二人を神格化するまでにいたった」。ドイツ民族はこれまで三度、「カール大帝、ルター、さらにフリードリヒ大王」を愛してきた。いまや、われわれは「安んじてわれらの民族的宰相（＝ヒトラー）をこれに加える」ことができる（図2）。

ルターの事業がヒトラーによって完成されるという奇妙な神話は、《ドイツ的キリスト者》の運動のスローガンだった。一九三三年以後、《ルター・ルネサンス》に連なるエマヌエル・ヒルシュのような神学者たちまで、この運動のイデオローグとして、ルターを《ゲルマン的全体主義》に包摂させるにいたったのだ。ナチ・ドイツ《第三帝国》は、ナショナルな政治的英雄ルターという賛美の至りつく絶頂を示していた。

こうした歴史的・政治的状況に照らせば、戦中・戦争直後に、ルターをヒトラーの先駆者視するステロタイプのイメージが連合国側で噴出してきたことも当然だったかもしれない。代表的な例としてあげれば、アメリカの政治学者ウィリアム・M・マックガヴァーン『ルターからヒトラーへ――ファシスト－ナチ政治思想史』（一九四一年）やイギリスで出版されたペーター・F・ヴイーナー『マルティン・ルター――ヒトラーの精神的父祖』（一九四五年）など。以下においてはヴィーナーの議論を一瞥してみよう。

元プロイセンの学校教師だった著者は、ドイツからの亡命後、イギリスのロバート・ヴァンシッタート卿のグループに属して活動し、この本によってイギリスにおけるルター批判の激烈な雪崩を引き起こしたと言われている。《ヴァンシッタート主義》というのは、ナチズムを何世紀にもわたる根深い《ドイツの病気》のあらわれとみなし、ヒトラーの侵略戦争もドイツ民族の攻撃的性格に由来するものとして、対ドイツ戦後処理についてイギリス政界では極めて強硬な政策論を唱えていたことで有名だった。たとえば、ヨーロッパにおけるドイツ産業のヘゲモニーを終わらせるためにルールの重工業力を破壊し、長期占領によってドイツ国民の根本的変革を図ることなど（宮田光雄『西ドイツの精神構造』岩波書店）。

2　生誕記念絵葉書「ドイツ的ルター記念日。1933年11月10日」。囲みの言葉は「沈黙と希望とにおいて汝らは勇気を得る」

ヴィーナーによれば、ルターの行動には劣等感と誇大な自負との間を揺れ動く神経症状があらわれており、時には自分を預言者あるいは救世主ともみなしたほどである。ルターは埋性を忌み嫌い、矛盾した言説や極端な意見を口にする。彼は、たしかにキリスト教的な自由や愛や平和について説教してはいたが、飲みかつ歌う自分の生き方ではそうした道徳を否定していたのだ、と。ヴィーナー自身は宗教改革的な信仰義認論を非合理なものと考えているようだ。とくに致命的だったのは、ルターが一五二五年以後、突如、政治理論を修正して、《二つの王国》を峻別する二重道徳によって絶対主義の基盤を据えたことだという。

ヴィーナーは、ルター主義が領邦的絶対主義に道を開いて近代的絶対主義の精神を力づけるのに貢献したという彼の断定の典拠として、英語圏で権威のある――しばしばルター解釈の基準とされた――エルンスト・トレルチの大著『キリスト教の教会と集団における社会教説』(一九一四年。英語版、一九三一年)を引いている。しかしその際、ヴィーナーは、次のようなトレルチの重要な指摘を脱落させていたのだ。すなわち、「ルターにおいては原理的な君主主義的ないしは絶対主義的な傾向については語れない。それは近代的〔プロイセン的〕保守主義の発明したものなのだ」という文章である。

トレルチは、これにつづけて宗教改革当時のドイツ各地方を詳細に区別しながら、次のように指摘していた。東エルベ地域に代表されるような中部ドイツや北ドイツには権威にたいする忠誠な傾向が広がったが、これに反して帝国諸都市や南西ドイツ地方では、市民的・農民的な伝統を踏まえたデモクラティックな思想との結びつきが妨げられなかった、と。さらには、北欧やアメリカに渡ったルター主義には、ドイツのルター派とはまったく異なった性格や傾向まで見られると付言しているのである。

「デンマークやノルウェーでは、今日にいたるまで、深く根付いた農民的デモクラシーが剛直な――むろん、敬虔主義的に色づけられた――ルター主義と密接に結びついており、アメリカでは、極めて正統主義的なルター主義がデモクラシーの保護の下に花開いている」と。

このトレルチの指摘は、後で取り上げるように、ルター主義を《国教》として同じく採用する北欧諸国でドイツ軍占領下に反ナチ抵抗運動がくり広げられた歴史的背景を示すものとして重要な事実にほかならない。いずれにしても、これまで見てきたようなルターをヒトラーないしナチズムへ直結させる解釈は、戦時本に共通する短絡的思考のあらわれと言わなければならないだろう（B・エーベラン『ルター、フリードリヒ大王、ワーグナー、ニーチェ……？。ヒトラーに責任があるのは誰か』一九八三年）。

こうした中で、エーリヒ・フロムが一九四一年にアメリカで発表した『自由からの逃走』（日高六郎訳、創元社）は、精神分析の手法を社会科学的分析と組み合わせた本格的な宗教改革批判であり、やや詳細に検討してみなければならない。

2　フロムの宗教改革分析

フロムは一九〇〇年にフランクフルトに生まれたユダヤ系ドイツ人である。彼は、すでに青年期に家族のもつ厳格なユダヤ教的正統主義から離れていた。しかし、彼が若き日に関心を寄せたハシディム的敬虔や近代的改革派的ユダヤ教の影響は失われなかったようだ。とくに広い読者に向けて愛や正義や平和を訴えた預言者的な後期の著作には、そうした痕跡を認めうるのではなかろうか。

フロムの研究は、精神分析的枠組の中にフランクフルト学派の非正統マルクス主義思想を統合するものであった。初期の研究で注目されるのは、ヴァイマル共和国末期に面接調査のデータにもとづいて発見したドイツの中間層や労働者階級にある《権威主義的パーソナリティ》の分析であろう。この性格構造をもつ民衆は、社会が安定している限りは従属することに喜びを感じ、社会的に順応していく。さらに経済的危機の中で社会が崩壊する状況に立ちいたると、権威ある指導者を求めて全面的に屈従し、それに一体化しようとする傾向が生まれる。

フロムは、こうした当代ドイツの民衆意識と行動に広がった不安定感と方向喪失感を宗教改革直前のドイツの同様の時代感覚と重ね合わせて、ナチ・ドイツの台頭を歴史的な展望の中でとらえようとしたのである。『自由からの逃走』は大成功を収め、著者は若い学生のあいだでは一夜にして《教祖》(G・T・ナップ)となった。フロムは、アメリカに亡命した多数のドイツ知識人の中では、もっとも早く著名になった一人であった(ルイス・A・コーザー『亡命知識人とアメリカ』荒川幾男訳、岩波書店)。

同書の後半では、フロムは、現代の大衆デモクラシーにおいて匿名の権威——命令者の顔が見えないままに多数者の世論に同調しがちな全体主義的傾向＝コンフォーミズム——のもつ同様の危険性についても鋭く指摘している。こうした的確な批判は今日なおアクチュアリティをもつものであり、同書が現在もロングセラーの古典の一つとされるのも当然であろう。しかし、同書の中で示された宗教改革分析、そこに描かれたルター像やカルヴァン像には異論も少なくない。

ルター像の問題性

中世社会においては個人的自由は存在しなかったが、人間はまだ第一次的な絆に結ばれて暮らし、孤独ではなかった。フロムは、ルネサンスへの歴史的転換を基本的には《世界と人間との発見》（J・ブルクハルト）の時代と位置づける。一五世紀イタリアにみられるような、個性の解放と現世的生の肯定からは、時代の精神を代表する華やかな芸術や建築、哲学や文芸が開花した。しかし、ルネサンスは貴族や富裕な資本家など少数者が支配する社会であった。新しい自由からは、所有や権力をめぐる熾烈な競争が生まれ、力の増大とともに、孤独と懐疑と不安の感情も増大した。

ルネサンスから宗教改革への移行を、フロムは、本来の近代的資本主義の成立と重ねて説明していく。一部の者は、発達する資本主義の上昇運動に参加できたが、資本や市場や競争の増大によって、「新しい自由は、必然的に動揺、無力、懐疑、孤独、不安の感情を生み出す。もし個人がうまく活動しようと思えば、このような感情は和らげなければならないのである」。このようなときに、宗教改革を代表するルターとカルヴァンが現われ、その生涯と教理によって新しい自由の両義性を表現し、不安と闘うための解決策を提供したのだ、とシニカルな位置づけをあたえている。

フロムは、ルターが典型的な《権威主義的性格》の人間だったと規定する。子ども時代に厳格な父親の下でほとんど愛情や安心感を経験しなかったため、権威にたいして両義的に関わるパーソナリティを身につけたのだという。すなわち、一方では父親や教皇の権威に反抗し、他方では神や領主権力に服従した。極度の孤独感、無力感、罪悪感に苦しめられ、この苦しみから救ってくれるもの、内面的な安定をあたえるものを絶えず求めつづけた。

ここから、フロムは、宗教改革の原体験となる信仰義認論を説明していく。「ルターは、意識的には、神への〈服従〉を自発的な愛にみちたものと言っているが、彼は無力感と罪悪感にみたされており、彼の神への関係は服従の関係にほかならない」。このルターの信仰をフロムが深層心理学的な《マゾヒズム的》依存の関係と類似したものとしてとらえているのは明らかである。彼は、自分の解釈があくまでも心理学的な意味と機能の分析であり、神学的な教義や真理を批判するものではない、と強調してはいる。しかし、実際には、その区別は微妙なところだろう。

フロムは、たとえば宗教改革の「教義」に対比させて「中世の教会神学の本質」についてこう指摘する。トマス・アクィナスを始め、ルターが「豚神学者」と呼んだ中世末期のスコラ学派の神学者たちも、堕罪後の人間が救済されるためになお必要とする意志の自由と人間の努力という原理から一歩も退くことはなかった、と。意志の自由を擁護するエラスムスとの論争においても、ルターはそれを激しく攻撃して人間の《奴隷意志》を強調したのだ、という。こうしたとらえ方は、ルターの個別的発言を義認論全体の連関から切り離し、その信仰理解を歪曲することにつながるものであろう。すでに見たように、ルターの『奴隷意志論』の《根源》には《キリスト者の自由》が立っていたのだから。

フロムによれば、心理学的には「信仰」は二つの異なった意味をもつという。一つは「人類にたいする内的な結びつきや人生肯定の表現」でありうるが、さもなければ「個人の孤独と人生にたいする深い懐疑の感情にたいする反作用」として出てくる。ルターの信仰は後者の性質をもっていたとみなされる。しかし、ルターの『キリスト者の自由』に示された人間観こそ、フロムの解釈するところと正反対のものではなかろうか。宗教改革的信仰は、人間を自己へのとらわれから解放し、自己疎外から人間を救済するものだったのだから。こうした解放性は、神の恵みによって生きることを許されているという確固たる信頼と希望から生まれてくるのだ（C・コルベ『治癒か障害か――フロイト、アドラー、フロム、ユング、フランクルにおける宗教』一九八六年）。

しかし、フロムによれば、ルターは個人から「人間の自信と人間の尊厳との感情を奪いとり」、それによって「世俗的権威に抵抗するための前提」を失わせてしまった。「歴史が進むにつれて、ルターの教えは、さらに遠くまで影響を及ぼした。……この傾向は、今日ではファシストにおいて頂点に達した。彼らは、人生の目的が〈より高い〉権力や指導者や民族共同体のために犠牲となることを強調している」。これでは、ヒトラーへの直結論とほとんど異ならないことになるであろう。

フロムによれば、カルヴァンは「本質的には、神学的にも心理学的にもルターと同じ精神を示している」。ただ、彼の「中心的教義」である予定説は、「人間の意志と努力を無価値とする」ラディカリズムにおいてルターを凌駕している。そこにカルヴァンの神概念にまつわる権威主義と「専制的な残酷さ」が現われている。とくに二重予定説について、「人間の根本的な不平等の原理」として「ナチのイデオロギーに復活した」と批判しているのだ。ここにも、ルター解釈におけるのと同じ直結論的なとらえ方が示されているのではなかろうか。

予定信仰を絶望的な運命論としてとらえる心理学的解釈の誤りについては、すでに第八章で詳述した。とくにバルトの予定論に示されるように、圧倒的な神の恵みの原体験からは、人間が神のパートナーとして立たされ、政治的な行動の責任主体ともなりうるのだ。少なくともカルヴァン主義的な由来をもつ国々では、それほど容易にファシズムに陥ることがなかったという歴史的事実を見逃すわけにはいかないはずであろう。

政治思想史的に振りかえって見ても、カルヴァンの場合には、不正の権威にたいして《下級の為政者》に限定して抵抗権が容認されていた。しかし、彼の後継者テオドール・ベーズやジョン・ノックスにおいては、この理論は、カルヴァンその人を越えて、原理的には人民主権論にまで発展しうる可能性を宿していた。ルターの場合、カルヴァンのような能動的抵抗権が入る余地のなかったことは確かだ。しかし、いっそう正確に論ずるために、ルターの政治思想に関する代表作の一つ『現世の主権について』(岩波文庫)を検討しておくのがよいかもしれない。

ルター『現世の主権について』

一五二一年のウォルムス帝国議会の結果、皇帝カール五世はルターを国法の保護の外におく旨の勅令を発した。福音主義的信仰を告白する帝国諸侯にとっては、これに服従すべきか否かが切実な問題となった。こうした要望にこたえるために、ルターが一五二二年秋、ザクセン公ヨハンのもとで試みた説教を翌年一冊の書物として公刊したのが本書である。内容は三部に分かれ、それぞれ現世の主権の意義、限界、運用を論じている。しかし、副題「ひとはこれに対してどこまで服従の義務を負うか」が示しているように、第二部こそ本書の主要部をなすものである。

ルターによれば、神は二つの主権、あるいは二種類の統治を区別して定めたもうた。一つは霊的なもので、これはキリストのもとに聖霊によってキリスト者という義人を作るものであり、他は現世のもので、キリスト者でない悪人を制止し外的な平安を維持するものである。この世においては、いずれも一方のみでは十分ではない。したがって、現世の主権は、この世が邪悪な勢力によって荒廃させられないように、悪を罰し善を守るために強大な剣の権力を神から与えられている。そのかぎりでは、それは神の従僕であり、愛の奉仕者なのである。

キリスト者は信仰においてキリストにのみ服従し、外的な律法や強制なしに自発的な愛の業《わざ》を行ないうる。それゆえに、彼ら相互のあいだでは現世の剣や掟を何一つ必要とはしない。しかし、この世はキリスト者のみでなく、その大多数は非キリスト者から成っている。そのため、真のキリスト者は自分には全く不要ながら、隣人への愛のゆえに、彼らのために有用かつ必要な現世の主権を敬い、別の支配に服し、またみずからそうした職務に就いて、この主権に奉仕し、それを行使する。したがって、ルターは、再洗礼派の人びとがこの世を直接に福音によって治め、現世の掟や剣を全廃することを求める主張を、熱狂主義として厳しく否定する。

しかしまた、ルターによれば、現世的主権の権能は、身体や財貨といった地上の外面的事物以上には及びえない。信仰と良心に関する事項は、もっぱら神の言葉に属するものであり、現世的主権がその限界を越えて神の統治を侵害し良心に介入することは、けっして許されない。そうした強権の干渉にたいして、キリスト者は、つねに「人間よりも神に従うべきである」という聖句に立脚して行動しなければならない。しかし、その場合にも、現世の統治に反逆するのではなく、みずからの信仰を固守して刑罰を甘受する受動的抵抗を行なうか、難を避けて他国に移住するかの、どちらかだけである。

ルター的敬虔と抵抗運動

じっさい、ナチ・ドイツの開始した侵略戦争はヨーロッパ各地に抵抗運動を生み出していったが、先に指摘したように、北欧諸国における反ナチ教会闘争はルターの神学にもとづいて行なわれたのであった。その中でもとくに劇的だったのは、一九四一年春、ナチ占領後に成立した傀儡《かいらい》政権クヴィスリングの教会政策に抗議したノルウェー全教区の監督たちの総辞職であろう。それに引きつづいて牧師のほとんど全員の一斉辞職が行なわれ、その際、教会の説教壇からは『教会の根拠』と題する信仰宣言が告知された。

ノルウェーの教会は厳格なルター主義に立つ《国家教会》であり、この告白草案作成の中心になったのは、オスロ教会監督エイヴィン・ベルグラーフであった。ここでは、現世の権力が《霊的統治》に介入するときには服従してはならないことを命じたルターの言葉を引き、次のような注釈をあたえている。「良心にたいしても全体主義的要求がかかげられるところでは、つまり、いっさいを神の言葉にもとづきキリスト教的良心に従って判定する権利が拒まれるところでは、教会は聖書と信仰告白とにもとづいて態度決定を下さねばならない」。

ノルウェーに侵略した同じ一九四〇年春に、ナチ・ドイツ軍は、さらにデンマークを軍事占領下においていた。デンマークもノルウェーと同じくルター主義的な《国家教会》体制をとっていたが、ここでは、直ちに教会闘争が組織化されたのではなかった。デンマークの場合、国王を頂点とする《合法的》政府がナチ・ドイツ軍の《保障占領》下に存続していたからである。これは、ドイツ軍占領後もノルウェー政権が国王とともにロンドンに亡命して、ナチ・ドイツにたいする抗戦を継続していたのとは異なった状況であった。

しかし、一九四三年夏、地下抵抗運動の高まりからデンマーク全土に戒厳令が布告され、ドイツ軍が占領行政の直接的当事者となった。これ以後、とくにユダヤ人迫害やその強制輸送に反対して教会闘争が公然化していった。このデンマークの教会闘争で忘れがたいのは、反ナチ抵抗の説教者カイ・ムンクの行動であろう。彼は、第二次大戦中、ドイツ軍占領下に劇作家として、また牧師としてナチ批判の言論活動をつづけた。こうした中で、ついにゲシュタポによって虐殺され、北欧抵抗文学＝教会闘争の象徴的存在となった。

ムンクの抵抗を可能にした神学的立場は、おそらくベルグラーフの神学に近かったものと思われる。占領政策の禁止命令に抗して彼が発表した「公開書簡」にはこう記されていた。

「ノルウェーの同じ信仰の兄弟たち」は「私も闘うことを誓った同じ理想のために闘っているのです。もしも私が人への恐れから受身の傍観者の地位に身をおくならば、私は私のキリスト教信仰と、私のデンマーク人としての心情と、牧師としての私の宣誓とにたいして、罪人として立つことになるでしょう。デンマークは、主イエスとの関係を損なうよりも、ドイツとの関係を損なう方がましです。ここに私は立っています。他に私はどうすることもできません。なぜなら、人間にとって自己の良心に反して行動することは賢明ではないからです」。

この末尾の言葉は、ウォルムス帝国議会におけるルターの信仰告白を想起させるだろう。ここに示される《良心》は、フロムが批判する「宗教改革以来」の義務意識と結びついた「自己卑下と自己否定的な《良心》」ではありえない。むしろ、フロムが積極的に評価する「純粋な良心」、すなわち、自己嫌悪や敵意に根ざすことなく「統一的なパーソナリティの一部をなし、その要求に服従することが自我全体を肯定する」ような良心にもとづく信仰告白なのではなかろうか。

同じく、ナチ・ドイツ軍の占領行政下におかれたオランダにおいても、ユダヤ人迫害などに反対して教会闘争が展開された。匿名のまま非合法で出版された改革派教会の《非公式》の信仰告白『われわれは何を信じ、何を信じないか』（一九四一年）には、「このような神の言葉を禁ずる政治的権威にたいする不服従こそ、われわれが万事にまさって服従すべき神に栄光を帰することである」というカルヴァン的文章が記されていたのである（宮田光雄『十字架とハーケンクロイツ』新教出版社）。

ドイツの抵抗運動の中にも、個別的には深い宗教的敬虔、しかもルター的信仰に由来する動機づけをもつ人びとが少なからず存在した。失敗に終わった一九四四年七月二〇日事件も、けっしてヒトラーとナチズムにたいする反動的なユンカー一揆としてのみ見るべきではない。

たとえば《クライザウ・サークル》の指導者ヘルムート・フォン・モルトケは、ナチの民族裁判所で死刑の判決を受けたとき、最終弁論の中でルターの「神はわが砦《とりで》」の一節を引き、抵抗運動の意味とその結果としての死を引き受ける決意を表明している。クーデター後の新政権で首相に予定されていた元ライプツィヒ市長カール・ゲルデラーも、非暴力抵抗というルター主義的タイプを代表する敬虔かつ誠実な政治家だった。彼は、処刑される数週間前に独房の中で密かに鉛筆書きしたメモを残していた。それは、ゲルデラーにシンパシーを抱いた秘密警察員の手によって密かに獄外に持ち出され、家族に手渡された。そこには、ドイツの歴史を汚辱にまみれさせたナチ政権を打倒する自分たちの行動を神の御前で正しいものとする確信が示されていた。

むろん、ドイツ抵抗運動の《良心的存在》（H・ロートフェルス）とみなされてきたディートリヒ・ボンヘッファーの重要性を忘れるわけにはいかない。彼は、ナチ国家との妥協を図ったルター主義的多数派を批判し、つとに「信ずる者のみが〔主に〕服従し、〔主に〕服従する者のみが信ずる」と訴えていた。最後には、告白教会の戦列からも一歩踏み出し、市民的勇気にもとづく責任として能動的抵抗へ参加する道を選択した。その行動ゆえに不可避的に「罪責を負う者」となる人間にたいして、赦しを約束したもう神の「高価な恩寵」を信頼しつつ。こうした信仰的態度決定は、彼がルター的敬虔の系譜の中に立つ者だったことを証ししていると言ってよいであろう。

3　ルターのユダヤ人文書

近来、宗教改革五〇〇年記念をめぐって再燃してきたのは、ナチズムにたいするルターのユダヤ人文書の影響という問題である。古代・中世以来、キリスト教会の中でも絶えることのなかったユダヤ教への敵視と差別の伝統は、近代的な反ユダヤ主義（Antisemitismus）の成立にとって無視できない社会的前提だったのではないのか。こうした連関において改めてルターの《反ユダヤ主義》（Antijudaismus）に厳しい批判の声が上げられるにいたったのだ。

とくに批判の的にされているのは、ルターの晩年の著作『ユダヤ人とその虚言について』（一五四三年）における過激な発言である。そこでは、権力をもつ官権にたいして、ユダヤ教の会堂や学校を焼き、住居を壊し、祈禱書を取り上げ、ラビに教えることを禁じ、領内から追放せよと訴えていたのだ。「ヒトラーが実行したことはルターが勧告していた通りだった、ガスかまどで直接に殺害することを別にすれば」――すでに一九五〇年代初めに哲学者カール・ヤスパースは、こう記した。しかし、ルターからアウシュヴィッツへ一直線に結びつける断定は、なお考慮すべき多くの論点を残している。

初期のユダヤ人文書

たとえば、ルター自身、ユダヤ人の問題について、しばしば、まことに矛盾した発言をしていることを見逃してはならないだろう。まず、彼の初期の文書『イエス・キリストは生まれながらのユダヤ人である』（一五二三年）を取り上げてみよう。そこには、当時、宗教改革初期にみなぎっていた終末論的転換、すなわち、福音主義的信仰はユダヤ人の少なくとも一部の人びとから新しい改宗者を生み出すのではないか、という期待が垣間見られる。それは、当時、宗教改革支持者のあいだで抱かれていたユダヤ教にたいする友好的な意見も交えた、さまざまの動向を反映していたのだ。

ルターは、教皇の教会が教理の誤りから権力的な弾圧によってユダヤ人を「犬のように」扱い、罵り、改宗させようとしても不可能である、と批判する。ユダヤ人たちがキリスト教徒の中で働き共に暮らすことを禁止するなら、彼らを寄生的な高利貸しによる生活に追いやるだけではないか。彼らには「教皇の律法ではなく、キリスト教的愛をもって」接し、ゲットーで暮らす《異質な存在》として差別するのではなく、彼らに「キリスト教的な教えと生き方を見聞できる」機会をあたえなければならない。ユダヤ人を《神殺しの民》として非難する代わりに、むしろ、父祖の時代から受け継いできた神の賜物（律法や神殿）によって、彼らが他の異邦人よりもキリストに近く立っているのだ、とさえ断言する。

しかし、今や宗教改革によって解放的な福音が明らかにされ、いたるところでそれを聞くことができるようになった。キリストはすべての罪人のために死なれ、ユダヤ人も異邦人も何らの差別なく神に受け入れられるようになった。ルターは、キリスト者もユダヤ人も共に手を携えて聖書に耳を傾けるべきだ、と求める。新約聖書の証言している通り、ユダヤ人のメシア待望はすでに揚棄されてしまった。そのことは、彼ら自身の聖書を先入見なしに検討すれば疑問の余地なく受け入れられるはずである、と。

しかし、同時に、この文書でも、旧約聖書の全証言をイエス・キリストを示すものとみるルターの解釈は一貫している。宗教改革こそは聖書の真の意味を発見したのだという確信から、信仰義認論を聖書全体に投影していると言うこともできるだろう。逆に、そのことによって、聖書にたいするユダヤ教自身の自己理解に目を向ける余地が残されなくなったことも否定できない。ルターのこの文書は、熱心なユダヤ人伝道を勧めていた。たんに強制的にユダヤ人に洗礼を授け、彼らに安定した職業と財産とを保証するだけでは十分ではない。さらに受洗したユダヤ人を確信をもったキリスト者にしなければならない。そのため、福音主義的なキリスト者は、日常生活を共にし、彼らにたいして模範的に振る舞わなければならない。この伝道に目覚ましく成功してこそ、宗教改革の運動が真理であることを教皇の教会にたいして証明できるはずであろう……。

しかし、こうしたルターの過大かつ性急な期待は、晩年の大きな幻滅を引き起こし、その路線変更を余儀なくさせる要因ともなった。二〇年後のルターのユダヤ人文書は、彼の政治的立場の《ドラマティックな転換》（T・カウフマン）を示している。ユダヤ人少数者にたいする暫定的な寛容の姿勢から、《手厳しい憐れみ》（ルター）――キリスト教世界からの追放――という政策を勧告するにいたったのだから。

晩年のユダヤ人文書

一五四三年のこの文書では、ルターにとっては、ユダヤ人と対話することは決着済みの問題だった。彼らは、教皇権力から解放されて福音に耳を傾け、それを自由に受け入れうるチャンスを摑もうとはしなかった。そこに彼らの変わることのない頑なさがあらわれているのだ、と。この文書が意図するのは対話ではなく、むしろ、ユダヤ人と彼らの「虚言」について明らかにし、キリスト者にたいして「ユダヤ人に警戒する」ように呼びかけることであった。ユダヤ人の「虚言」とは何か。それは、彼らがアブラハムの子孫であることを誇り、律法や割礼――しかし「心の割礼」ではない――をあたえられ、神殿において神と語ってきたにもかかわらず神の言葉を聞こうとはせず、伝統によって神の民であると自負してきたことだ。この「虚言」には、メシアはまだ到来していないということ、その到来を神に祈り求めながら待つべきだという主張も入っている。

こうした「虚言」に反論する形で、一五四三年のユダヤ人文書は、そのほとんどの部分を旧約聖書の釈義、すなわち、それをイエス・キリストのメシア預言として引き合いに出すルター的解釈で占められている。その限りでは、ルターの立論は、二〇年前の論証の仕方と内容的には変わっていなかったと言うこともできるだろう。

これを、転換か連続性かと問うよりも、むしろ《退行的展開》(C・B・ズーハー)と呼ぶべきだという見解もある。じじつ、一五二三年以後二〇年間、ユダヤ人にたいするルターの態度はアンビヴァレントだったようだ。この間にユダヤ教のラビによるルター文書に対する反論が公表されたり、ある地方ではキリスト教徒がユダヤ教へ改宗したという情報なども流れてきた。ルターは一五一三年に行なった最初の『詩編講義』の段階にまで逆行して、ユダヤ人を、行為義認の立場を代表し神に敵対するネガティヴな勢力とみなす。その切迫した危険を防止するため、政治的・実践的には中世カトリシズム的な手法に回帰してしまったのだ。

こうした退行性の原因をルターの環境や性格(粗暴な言動)、心理(精神的衰弱)などの要因と結びついた「彼の病気」に由来するものと解釈して、エリク・エリクソンの『青年ルター』に関する精神分析的研究なども引き合いに出される。ちなみに、環境という点では、最近の環境学的歴史研究が一五四〇年当時に中部ドイツを襲った異常気象（小氷期）を指摘している事実も注目に値するところだろう。それは、世紀末的な危機意識を生んだだろうから。

晩年のルターにおける終末観との関わりを重視する意見は、オーバーマンをはじめ、けっして少なくはない。じっさい、一五四〇年以後、ルターは、終末の間近な到来を確信していた。教皇の教会政策やユダヤ人の頑なさ、さらに加えてオスマン・トルコの脅威まで重ねて、彼は《反キリスト》の兆しととらえていた。最後の審判における神の怒りを回避するため、《手厳しい憐れみ》が不可避だと信じたのだ。それにしても宗教改革初期には信仰問題にたいする世俗権力の介入に警告していたルターが、いまやユダヤ人の教学禁止や国外追放を領邦権力の強制手段に訴えることを勧告するとは！

そこには、宗教改革をめぐる時代状況の大きな変化も反映していた。この間に宗教改革運動はしだいに制度化され、領邦国家の枠内で公共の秩序と信仰生活を一致させる縮刷版的なキリスト教共同世界が生み出されつつあった。もはや二〇年前のようにユダヤ人の社会参加を自由に認めるのではなく、宗教的＝社会的同質性と一体性を確保することが問題になっていた。そのためには旧約聖書のユダヤ教的理解を全面的に排除し、そうした解釈が伝播する危険にたいしてキリスト教徒に免疫をもたせておかなければならなかったのだ。

その限りでは、一五四三年のルター文書は、ユダヤ教に反対する論争の書なのではなく、キリスト教徒のために、「キリスト教徒の信仰を強めるために」こそ書かれていたと見ることもできる。そこには、たしかに事柄としては「ユダヤ人について、彼らの虚言について」論じた《反ユダヤ的》言説をふくんでいる。しかし、その言説はルターが本来的に意図していたコンテキストの中に正しく位置づけて考えなくてはならない、とも指摘されているのである。

当時、ルターの勧告に従ってユダヤ人を追放したのは、ヘッセンやザクセンなど僅かな例にとどまったようだ。ルター自身も、それを予想していたかのように、領主が行動を起こさない場合には福音主義教会の牧師たち自身が必要な対処をとるように求めていた。

ナチ・ドイツ時代

このルター文書の影響史という観点から、ここでは一挙に時代を飛んでナチ・ドイツ時代に移ってみよう。ナチ主義者たちは、ルター文書の言葉をユダヤ人迫害の正当化のために援用した。じっさい、ナチ政権の迫害政策を象徴する《帝国水晶の夜《ライヒスクリスタルナハト》》事件（一九三八年一一月一〇日）は、あえてルターの生誕記念の日を選び、ユダヤ教の会堂焼却に代表される暴力行使を、ルターの勧告に従ったかのように粉飾して見せたのだ！

ナチ時代を通して党機関誌『突撃者』の主幹者としてルターの反ユダヤ人文書の普及に努めたのは、ナチ大管区指導者ユリウス・シュトライヒャーだった。第二次大戦後、彼がニュルンベルク裁判において、「この被告席で、私の場所にルターが座っていることは確かだ」と叫んだという話は、よく知られている。

しかし、実際には、ナチ党側からは、当時のドイツでおびただしく出版されていたルター関係文書の中で「ユダヤ教を批判した」「ルターの熱狂的な闘争」について十分な啓発がされていないという批判が強かった。そうした中で一九三七年には、ルターのユダヤ人文書の《国民版》が出版されたり、一九三九年には、あえてヴァルトブルクの山上に反ユダヤ主義の研究所を開設して、ドイツの教会生活にたいするユダヤ教の影響を調査し、学校教育のための《ユダヤ教から純化された》カテキズムを作成させたりした。

しかし、こうした《ドイツ的キリスト者》たちによる援用にもかかわらず、その人種論的な反ユダヤ主義は、その理論的な根拠づけ全体についても、ルターの神学的なユダヤ教批判とは明らかに異なっていた。にもかかわらず、ルターの名前による権威づけが、ドイツの教会や指導者たちにとって、ナチ政権の宗教政策に反対する力を弱め、同調行動を容易にしたことも確かである（P・フォン・デル・オステン－ザッケン編『乱用された福音書』二〇〇二年）。

人種論的な反ユダヤ主義は一九世紀後半期の所産だったとしても、それがキリスト教的ヨーロッパにおける長い反ユダヤ教的精神風土の中で培われてきたことは否定できないだろう。ルターをアウシュヴィッツと短絡的に直結させることはできないとしても、一九四五年以後、キリスト教による歴史的な共通の罪責を反省し、ユダヤ教と対話するさまざまの模索がなされてきたのは当然だった。とくに宗教改革五〇〇年を迎えるにあたって、ドイツの内外でルターのユダヤ人文書にたいする新しい取り組みが呼びかけられてきた。その代表的な一例から。

ドイツ福音主義教会は学術顧問の委員会を通して、最近、この問題を考えるための手引きを公表した（D・ヴェンデブルク編『宗教改革とユダヤ人——一つの手引』二〇一七年）。その末尾の文章を引用してみよう。

「〔六〇〇万人のユダヤ人殺害という〕犯罪行為をルターの『ユダヤ人およびその虚言について』という文書に帰することはできない。その文書の目的としたのは、ユダヤ人の追放であって大量虐殺ではなかったし、その議論そのものは人種主義的ではなく宗教的な動機にもとづくものだったからである。したがって、ナチ主義者やドイツ的キリスト者がこの文書を〔自己正当化のために〕援用するのは不当である。しかし、他方では、その文書はユダヤ人をデーモン化し、国家権力によってユダヤ人なき国作りを促したものだった。それゆえに、結果的にはナチズムのプロパガンダに利用されることになったのである。記念の年を迎えるにあたっては、宗教改革の遺産全体が想起されるべきであり、この負債（Hypothek）についても沈黙しているわけにはいかない」。

4　ルターからルターを問い直す

ナチ党機関誌が反ユダヤ主義政策のためにルターのユダヤ人文書を援用していた頃、ボンヘッファーは「ユダヤ人問題にたいする教会」（一九三三年）の中で、つとにユダヤ人にたいする好意的な姿勢を表明していた。彼は、この論文の冒頭で、ユダヤ人が悔い改めるなら「われわれは喜んで彼らをわれわれの兄弟として迎えたい」という言葉を、ルターの生涯最後の説教（一五四六年）から引いている――ルターの説教にあったユダヤ人追放という提案の箇所には触れることなく。さらに加えて、この悔い改めのために「暴力を加える」ことは許されないという文言をルターの一五二三年の文書（『イエス・キリストは生まれながらのユダヤ人である』）から引いているのだ。

ボンヘッファーは、この論文の中でユダヤ人問題に関連して、「法と秩序」を維持する国家の権能をめぐって教会のとるべき行動について三段階の可能性を示している。国家に責任を目覚めさせる問いかけに始まり、さらに犠牲者にたいする援助、そしてついには暴走する「車そのものを阻止する」という政治的決断である。この最後の直接的な行動については、彼はこの時点では、まだ一定の慎重な留保をおいていた。とはいえ、それが「正しい国家的権威」を承認することの「逆説的表現」だ、と断言していることも見逃がしてはならない。彼は、ナチによるユダヤ人絶滅政策をはっきり知るにいたったとき、ドイツ軍部の抵抗運動に加わるのをためらわなかった。

前掲の論文から一〇年後、すでに秘密警察に逮捕されテーゲルの獄中にあったボンヘッファーは、両親に宛てた手紙の中に、まことに暗示的な言葉を残している。

「ルターが欲したのとは正反対のこと、彼の生涯の最後の何年かを彼自身にとっても暗いものとさせたような結果が、なぜ彼の行為から生じなければならなかったのか。これが問題です」（『ボンヘッファー獄中書簡集』村上伸訳、新教出版社）。

ここで「問題」とされているのは、宗教改革の運動がもたらしたキリスト教的ヨーロッパの分裂という悲劇全体を指すものだろう。しかし、ルター晩年の「暗いもの」という言葉は「ユダヤ人問題」への関わりをも思い出させるのではなかろうか。

ルターの神学的前提に即して

そこで視点を変えて、ルターのユダヤ教批判をルター自身の神学的前提と認識から読み直すことを試みてみよう。

すでに見てきたように、信仰義認論の根底にあったのは、ルターが神の永遠の裁きを前にして深い罪と不安を自覚し、そこから業《わざ》ではなく信仰によって義と認められるという救いを体験したことであった。この実存的な問題をイエス・キリストの十字架によって解決しえたルターは、神学者として信仰的な問題すべてについて——教会や国家の問題からユダヤ人の問題にいたるまで——この解決を適用し論究しようとしたのである。

ルターの信仰義認論は、現代においてもなお宗教改革の遺産として基本的な妥当性を失ってはいない。しかし、上述したように、ユダヤ人との関わりについては、キリスト教に歴史的に大きな「負債」を残してきたという問題も明らかである。このジレンマは、いったい、どこから生まれたのか。——それを解く鍵となるのは、宗教改革原理の一つである《聖書原理》をルターが実際に適用した際に重大な限界をともなっていたことであった。

すなわち、ルターは、聖書における特定の反ユダヤ教的発言を、いわば《聖書ファンダメンタリズム的》（K・マイアー）に理解する時代錯誤から免れることができなかったのだ。彼の聖書中心主義は、むろん、教皇によって独占されてきた伝統的な権威主義的解釈権の批判としては正当だった。しかし、一六世紀に生きたルターにとって、近代的な歴史的＝批判的な聖書学的方法が未知ないし不十分だったとしても止むをえないところだろう（J・ブロッセンダー『ルターの解釈に映し出されたユダヤ人にたいする姿勢』一九七二年)。

最近の聖書学的研究では、新約聖書における反ユダヤ教的論難《ポレミーク》には、初代のキリスト者が自分たちのアイデンティティを確保するために、ユダヤ教から自己を区別し切断していく過程が反映しているのではないか、と指摘されている(W・シュテーゲマン「キリスト教的ユダヤ人蔑視と新約聖書」、同編『教会とナチズム』一九九〇年、所収)。

たとえばヨハネによる福音書――ルターがローマの信徒への手紙とともに高く評価していた文書――では、「ユダヤ人」には定冠詞がつけられ、彼ら全体をイエスにたいする敵対勢力として描いている。それは、明らかに福音書記者自身が立たされていた当時(一世紀末頃)の社会的環境をイエス自身の時代に投影して一般化したものだった(K・ベングスト『圧迫された教会と栄光化されたキリスト――ヨハネによる福音書に関する試論』一九九二年)。

同じ事態は、マタイ福音書二三章で「律法学者たちとファリサイ派の人々」を定冠詞つきで一括し、彼らの偽善的態度を激しく論難していることにも反映されている。おそらくシナゴーグからの分離は、ユダヤ教多数派の側からする圧迫と疎外とにもとづいて、当時の少数派だったキリスト者の群れが心ならずも味わわざるをえなかった《特殊な背教》(U・ルッツ)の悲劇だったのだ。

しかし他方で、こうしたユダヤ教にたいする論難が、後代の人びとによって十把ひとからげに受容され、異なった状況に適用されるなら、致命的な影響を及ぼすことになりかねない。すなわち、ユダヤ人多数派にたいするユダヤ人少数派の一つによって提起された論難だったものから、やがて多数派となった勝利の教会の側から少数派に転落したユダヤ教にたいする原理的な批判の発言へと反転させせられることになるのだから。

影響史的にみれば、活版印刷の始まった一六世紀以後、聖書が広い読者をもつにつれて、キリスト教的なファリサイ派像が刻印されていった。ヨーロッパ各国語において、ファリサイ的＝偽善的という慣用語法が一般化するにいたったのだ。こうした《ファリサイ派》の姿が現代ユダヤ教の《父祖》として理解され、近代以降の市民的＝キリスト教的反ユダヤ主義と結びつくことになったのである。

こうした観点から、ルターの『ローマ書講義』（一五一五―一六年）におけるユダヤ人理解も一瞥してみよう。パウロは、ローマの信徒への手紙第九章―一一章において、壮大な神学的構想によって、イスラエルが変わることなく神に愛される選びの民でありつづけることを肯定している。すなわち、神は、さしあたり、イスラエルの多数派を、イエス・キリストにたいする信仰に心を閉ざさせた。それは、この間にキリスト教会が世界の異邦の民に宣教する時間をあたえようとするためだった、と（ローマ一一・二五）。このテキストについて、ルターは、その講義の中で次のように注釈している。

「この本文から、ユダヤ人が世の終わりの時に信仰に立ち戻ってくると広く受けとられている。もっとも、これは曖昧であるから、使徒を解釈する教父たちの権威によらなければ、誰もこの本文だけからは明らかな確信を得られないように見える」（徳善義和訳『ルター著作集』聖文舎）。

実は、ルターは、その生涯を通して、この点について確信できないままだったようだ。とくに一五四三年のユダヤ人文書では、ユダヤ人たちが「大きな群れ」としてキリストを信ずるにいたる可能性については、まったく希望をもっていない。すでに見たように、終末の到来が間近に迫っていることを予期していたルターにとって、そのような急激な改宗の出来事が起こるとは想像を絶していただろう。

しかし、ローマの信徒への手紙九章―一一章のパウロの発言は、ルター自身の確信とは逆に、信仰義認という教理をいっそう広い視点から照らし出すものと解釈することもできるのではなかろうか。すなわち、神の約束の真理は人間の業《わざ》によって支えられるのではなく、約束する者の中にこそ根拠をもっている。イスラエルは――キリストからの離反にもかかわらず――神の約束によって守られ支えられているという事実を証言しているのだから（W・ツィンマリ『イスラエルとキリスト教』第二版、一九八〇年）。

それは、選びの民イスラエルにたいする神の変わることのない真実を明らかにすることによって、神の圧倒的な恵みの大きさをいよいよ深く印象づけてくれるだろう。この連関で注目されるのは、ベルトルート・クラッパートがバルトの予定論を引きながら、信仰義認論を《予定説の深層》としてとらえるのではなく、むしろ「適用された予定論」として再構成すべきだと提案していることだろう（クラッパート「神の選びと信仰義認」『約束の共なる遺産』二〇〇〇年、所収）。

パウロは、神がユダヤ人も異邦人も「すべての人を不従順の状態に閉じこめ」たのは「すべての人を憐れむため」だったと言い、さらに「すべてのものは、神から出て、神によって保たれ、神に向かっているのです」と結論している（ローマ書一一・三六）。ローマの信徒への手紙の「奥義」として示された壮大な救済史的パースペクティブは、万人救済、ひいては万物再興というバルトの『和解論』における終末論的希望に通じているのではなかろうか。

神の寛容

じつは、信仰義認論のもつユニヴァーサルな射程は、すでにルター自身がローマ書三章二八節の《神による義認》を解説した論文（一五三六年）の中で用いた「神の寛容」（tolerantia Dei）という言葉によって暗示されていると考えることもできるのだ。この「寛容」という概念は、ルターにおいてはじめてドイツ語に入ってきたものだと言われている（G・エーベリング「神の寛容と理性の寛容」、T・レントルフ編『信仰と寛容』一九八二年、所収）。

神のみ前にあって、さまざまの偽善や不正、悪をなすにもかかわらず、人間は信仰によってのみ義と認められ、神によって受け入れられる。この出来事をルターは、「理解し難い神の寛容と智恵」と呼んでいる。この圧倒的な恩恵は、すでにわれわれが神の「敵であったときでさえ」（ローマ書五・一〇）妥当するとされている（C・シュヴェーベル＝D・v・ティッペルスキルヒ編『寛容の宗教的根源』二〇〇二年）。してみれば、ルターの信仰義認論がユダヤ人を適用外として除外することは本来ありえないはずである。

この視点からすれば、ルター生誕五〇〇年記念のシンポジウム（一九八三年）における議論は、注目に値する。先のクラッパート論文もこの会合で発表されたものである。さらにアリゾナからシンポジウムに参加したオーバーマンも、その報告の中で、ルターの《十字架の神学》の逆説性を正しく指摘していたのだ。すなわち、神は人間の見るものとは逆に隠れて働きたまうということをルター自身も知っていた。にもかかわらず、彼は、この神学的認識をユダヤ人の問題には適用しなかったのだ、と。

このテーマは感情的な議論を呼び起こしやすい。オーバーマンが自分の報告を冷静に、すなわち「資料を意識して」（quellenbewußt）進めたいと断わったとき、ユダヤ人側の参加者から直ちに「苦悶を意識して」（qualenbewußt）と反対する声が上がったという。それは、このシンポジウムの会場全体を包んでいた緊迫した雰囲気を伝えるものであろう。こうした中で、問題の渦中にあったルターのユダヤ人文書について、アルバート・フリートレンダー（ユダヤ教ラビ、ロンドンのレオ・ベック大学教授）が示した見解は、まことに感銘深い。

「ルターは初期の著作では、すべての人間の赦し難い罪を十字架に認め、さらにキリストの死によってすべての者にもたらされた恩寵を認めた。ところが、すべては限定され、狭められ、小さくされてしまった。人間の罪はユダヤ人に転嫁され、彼らは人類から排除されてしまった。……兄弟マルティンよ、われわれは高みへ上ろうではないか、君が僕を再び神の民の一人として認めることのできる場所へ。われわれ二人はアブラハムの子どもではないか！　君の子孫にたいして教えてくれたまえ、人類がドグマに打ち勝つべき時が来るだろうということを！　なぜなら、われわれは人間であり、神の裁きをわが手にもつことは許されていないのだから」（「H・クレーマース編『ユダヤ人とマルティン・ルター』一九八五年）。

神が最後の審判者として和解の恵みをあたえられるのであれば、人間相互のあいだでも裁きではなく和解と寛容の精神が生まれることを促されるであろう。フリートレンダーの問いかけのように、ここからユダヤ教との対話への可能性も開かれてくるのではなかろうか。信仰をもつ者ともたない者との違いや対立も、《神の寛容》の地平においては厳しく相対化され、絶対性を失うのだ。

《神の寛容》ということを、ルターは《キリストのみ》によって可能となるという信仰義認論の中心的命題と結びつけた。一見したところ、この《キリストのみ》という言葉は、宗教改革の神学の中でも、もっとも非寛容な原理のように響くかもしれない。しかし、けっしてそうではない。宗教間対話における寛容においては、真理にたいする誠実さや救いの確信を相対化したり曖昧にしたりすることが前提されるのではない。むしろ、互いに自己の内面にそうした誠実さをもつことによって、はじめて自らの側では共有しない真理を他者が確信していることについて広くこころを開き、それを尊重することも可能になるのではなかろうか。

ここで改めてバルトの予定信仰から生まれる《寛容》にたいする逆説的な希望について考えてみることも意味があるかもしれない。すでに見たように、バルトは、「イエス・キリストの選び」において予定信仰が「それ自体として、人間が捨てられないことを信じる信仰」であると断言していた。ここから引き出される《万物和解》への希望は、その後の『教会教義学』の展開における「驚くべき問題提起」（A・パングリッツ）に通じていたのだ。すなわち、彼はバルメン宣言のいうイエス・キリストが「神の唯一の言葉」であるという信仰告白にもかかわらず、――というよりも、むしろ正にそれゆえに――「教会の壁の外なる」「もろもろの光・言葉・真理」の発する教会への呼びかけに目を向け、そこから学びとる可能性と必要性とを説いてもいたのだから（『和解論』第三分冊）。

言うまでもなく、この寛容と対話への責任という問題は、キリスト教とユダヤ教との関係においてのみ求められているのではない。二一世紀の世界においては、イスラムの人びとにたいする関わりにも同じく妥当する。そのことは、キリスト教のみならず、ユダヤ教のイスラムにたいする関係についても問われているであろう。

創世記の物語は、父アブラハムが亡くなりマクペラの洞穴に葬られたとき、それまで敵対関係にあった正嫡の子イサクと異母弟イシュマエル――イスラムの人びとがその血脈につながるとされる――が肩を並べて立っていたと伝えている。マクペラの洞穴以外にも、エルサレムのようにユダヤ教とイスラム教の共通の聖地とみなされている場所は少なくない。

現在、パレスチナ問題の占める国際政治的な重要性と切迫性とに照らせば、ユダヤ教徒、イスラム教徒、さらにパウロが「異邦の民」と呼んだ――それ以外のキリスト者を含む他の――多くの人びととのあいだに、《アブラハムの子どもたち》としての対話と和解、さらに踏み込んで《共生》を成り立たせることが不可欠である。それは、現代世界における平和構築と平和共存のために求められている切実な課題にほかならない（宮田光雄『ホロコースト〈以後〉を生きる』岩波書店、参照）。

付論　エキュメニズムはどこに向かうのか

1　義認の教理に関する共同宣言

九十五箇条の論題《テーゼ》は、やがて、神の恵みによる信仰義認の教理として宗教改革五〇〇年の歴史を刻むことになった。それを契機としてカトリック教会の側でもトリエント公会議による対抗改革運動が起こり、キリスト教宣教はアメリカ大陸やアジアの国々にまで波及するにいたった。しかし、カトリック改革の本格的な動きは、ようやく二〇世紀に入り六〇年代初めに教皇ヨハネス二三世によって開かれた第二ヴァチカン公会議を通して、目覚ましく躍進することができたと言ってよいであろう。

当時、公会議の神学的アドバイザーをつとめたハンス・キュンクは、「ルターのかかげた正当な要求の多くは、大部分、今回の第二ヴァチカン公会議によって実現されたと思う」と言い、ルターが今日のカトリック教会の中に生まれたなら果たして宗教改革などしただろうか、とさえ問いかけていたほどである。「プロテスタント教会は、いまや、いっそう自己批判的な理解と改革の改革とをもって、われわれに有効に立ち向かってくるべきではないか」と。

じじつ、この公会議で決議された「憲章」や「教令」「宣言」によって、聖書の高い評価、信徒使徒職の強調（その結果、一部では「全信徒祭司性」について口にされた）、信教の自由と諸宗教との対話、世俗世界への革新的な関わり、福音中心による民衆的敬虔の改革など、広く新しい可能性に開かれていたことは否定できないだろう。

公会議終了後、キュンクはテュービンゲン大学教授となるが、その後、教皇不可謬説をめぐるカトリック教会の伝統批判のゆえに、カトリック神学を講ずる資格を失うことになった。しかし、大学当局の英断によって、彼のために新しくエキュメニズムの講座が新設され、その後の目覚ましい研究活動――世界の諸宗教に関する多くの大著や「世界エートス」の提案による平和問題への貢献など――が途切れることなく展開されるにいたった。

こうした流れの中で新旧両教派間の《対話》からは、一六世紀における両教派の相互《弾劾》問題を解決するための長い努力の結実として、『義認の教理に関する共同宣言』（一九九九年）が教皇庁とルーテル世界連盟の代表者によって調印された。しかし、この共同宣言にたいして、ドイツの福音主義神学者の側から予期されない規模での反対がまき起こった。それは、『共同宣言』において宗教改革的原理（《信仰のみ》《義認の教理のもつ標識的機能》など）が「基本的真理」とみなされていないこと、それゆえコンセンサスにいたっていない、という論点をめぐるものであった。

じつは調印式直前にも、西暦二〇〇〇年を記念する教皇の贖宥が告知されて論議をまき起こしていた。すなわち、ようやく義認の教理についてコンセンサスが達成された後にも、なおカトリック的贖宥が存続しうるのか否かという問題である。記念の年自体においても、一八七〇年に教皇不可謬の教理を決定したピウス九世が聖人として宣言された。さらにヴァチカンの教理聖省は、《ドミヌス・イエスス》（＝「イエス・キリストと教会の唯一性と救いの普遍性について」）宣言において、ローマ・カトリック教会の絶対性を表明したのだ。「イエス・キリストの教会は……完全にはただカトリック教会においてのみ存立している」と。

当時の教理聖省長官ヨーゼフ・ラッツィンガー枢機卿（＝後の教皇ベネディクト一六世、在位二〇〇五―一三年）の言葉を用いれば、教会は教皇と司教たちに導かれる教会においてのみ「存立」（subsistieren）しているというのである。すなわち、宗教改革の諸教会には「本来の意味での教会」であることが否認されたのだ。こうした状況の中で「義認の教理において一致があるなどとどうして言うことができるのか」というエーバハルト・ユンゲルの批判的な問いは、その後も十分明確にされないままであった。

こうした論議にたいして、その数年後、教皇庁からは、『教会に関する教義をめぐる若干の局面についての質問への回答』（二〇〇七年）という文書が公表された。この文書は、《ドミヌス・イエスス》宣言によって引き起こされた多くの批判に答えて、「混乱と懐疑」や「誤った解釈」の危険を避けるため、教理聖省の会合で「正式に決議され」、教皇ベネディクト一六世によって「裁可され、公表するように命じられた」ものであった。この文書では、ローマ・カトリック教会の首位性を再確認するとともに、他教派を不完全なものとみなし、「真の意味では教会とは呼べない」と、再度、断定していた。

しかし、こうした形で「カトリック信仰のアイデンディティにたいする忠実さ」が前提されるかぎり、そこに謳われている「対話の相手にたいして開かれている姿勢」も、つまるところ、他教派にたいする《包摂》と《従属》への呼びかけと変わらないのではなかろうか。伝統的な使徒信条において用いられている《唯一の聖なる公同（＝カトリック）の教会》という信仰告白に示されている教会の普遍的な一体性を直ちに《ローマ・カトリック教会》に重ね合わせる論理は、牽強付会のそしりを免れないであろう。

ドイツ福音主義教会――その傘下にはルター派、改革派、合同派など諸教派が加わる――を代表して常議員会議長ヴォルフガング・フーバーが直ちに公表した批判的な声明（二〇〇七年七月）は、まさにこの点を突くものであった。「エキュメニカルな一致への進歩は、エキュメニカルなパートナーの教会観にたいする相互の尊敬を前提すべきであり」、「ローマの首位性の承認と教会の使徒性を司教的継承と結びつけることをエキュメニカルな話し合いの不可欠の前提とはみなさない」ことこそ、福音主義的理解によれば、エキュメニカルな一致への道が開かれる基本的な条件である、と。（小稿「エキュメニカルな一致を求めて」『思想史論集2』創文社、所収）。

プロテスタント内の諸教派について言えば、すでに一九七三年のロイエンベルクの和協によってヨーロッパの福音主義教会各派は、それぞれの組織的自立性と教派的独自性を失うことなく「和解された相違をもつ」教会共同体を形づくりうること、すなわち、教理上の違いは直ちに教会分離をもたらすものではないことを承認していた。このモデルに従うなら、宗教改革の果実としてのの自立した福音主義教会を一段低いものとみる格差や差別は起こりえないはずであろう。

2　相違の中の一致

教皇の座を生前に退いたベネディクト一六世の後継者として、二〇一三年春に選出されたのは、「地球の向こう側からやって来た」アルゼンチン出身の教皇フランシスコである。彼は、ヴァチカンの仰々しい伝来的慣習には批判的であり、謙虚な人柄の持主として知られている。かつて自転車に乗った司祭に街頭でたまたま出会い「聖なる父よ」と呼びかけられたとき、「聖なる息子よ！」と答えたという逸話も伝えられている。

教皇フランシスコは牧会者として優れた指導力に富み、ヴァチカンの伝統的な中央集権主義や聖職者中心主義を廃し、底辺の地区教会を重視しようと努めている。前任者とは異なり、教理的問題に介入するよりも実践的な社会倫理の分野に大きな関心をもっているようだ。回勅『ラウダート・シ――ともに暮らす家を大切に』（二〇一五年、カトリック中央協議会）に示されるように、環境危機や社会危機、さらに平和問題などにたいしても積極的に発言し行動する姿勢をもつ。それゆえに、これまで停頓ないし中断させられていたかにみえる第二ヴァチカン公会議につづく教会革新の試みを新しく発展させる上で、新旧両教派の側から注目と期待とを集めている。

ドイツのカトリック側からは、たとえば新教皇の信頼厚いヴァルター・カスパー枢機卿――彼は若き日にキュンクの助手だったこともある――によって、ルターの生涯をエキュメニズムの視点から高く評価した著作『マルティン・ルター』（高柳俊一訳、教文館、二〇一七年）も出版されている。その末尾には、ルターの言葉として伝えられてきた「リンゴの苗木を植える」という終末論的希望の言葉が引かれ、世界のために貢献する新旧両教派の共通の証しの責任が訴えられてもいた。しかし、彼が宗教改革五〇〇年の記念の年に託した、「ローマからマルティン・ルターについて《和解の言葉》が公にされる」という期待は実現されないままに終わった。この期待された《和解の言葉》とは何だったのだろうか。新教皇が前任者のプロテスタント教会を見下す発言を撤回することを、多くの福音主義教会の関係者が望んでいたのは確かだろう。

それとも、カトリック組織神学者ヨーゼフ・ヴォールムートのように、ルター破門の公的な撤回声明のことだろうか。しかし、キリスト教会において洗礼は、神学的・教会法的には、授けられた者とキリストとの不可侵の結びつきを意味するものであり、教皇による破門も、たんに教会生活に参加することを制限しうるにすぎない。この参加の可能性は、当然、本人の死とともに消滅し、その瞬間に破門の効力もなくなるわけである。それはルターについても妥当する。とは言え、没後のルターにたいする破門の終結が公的に示されてこなかったことが、ある種の苛立ちを巷間に呼び起こしてきたことも事実であろう。

カスパー枢機卿が期待したのは、もっと分かりやすい劇的な出来事だったのだろうか。たとえばヴィッテンベルクの城館付属教会にあるルターの墓前で、教皇と福音主義教会の代表者とが《握手》するとか、あるいは《跪座》して共に祈るとかいったイメージ？　しかし、教皇フランシスコは、二〇一七年一〇月三一日に開かれた公式の記念礼拝の行事には、ついに姿を見せなかった。たとえばドイツ連邦首相メルケル——彼女の父は旧東ドイツ教会の牧師だった——も、かねてからその期待を表明していたにもかかわらず。また、その行事がかつてのような国家主義的な《ルター祭》としてではなく、エキュメニカルな《キリスト祭》（！）と銘打たれて行なわれるものだったにもかかわらず。

教皇は、その前年にはルーテル世界連盟の招待を受け入れ、連盟誕生の地スウェーデンのルンドで開かれた宗教改革記念日の合同礼拝に参加し、教会一致のための協力について説教していた。この事実は、たとえば批判的な改革派神学者による鋭い指摘のように、ルンドの会合に列席したスウェーデン国教会の大主教の地位が教皇と同じく《使徒伝承》にもとづいていることに関わりがあったからかどうか。——その当否について断定的に言うことはできない。

たとえば前述のカスパー枢機卿が《使徒伝承》について、それを慣習化された伝統に従って「単純に直線的に」とらえるべきではないこと、カトリック神学においても、つねに上からの光に照らされた新しい可能性に開かれていなければならないことを強調していたのは当然であろう（G・フランク他、編『宗教改革は誰のものか』二〇一三年）。

教皇のルンド訪問は《アリバイ》にすぎないという辛辣な見方も一部にはあるようだ。しかし、それは教皇が慎重に示そうとした「和解のしるし」にほかならないのではなかろうか。一〇月三一日の記念集会では、ドイツ福音主義教会の常議員会議長ハインリヒ・ベドフォード゠シュトロームは、「親愛なる教皇フランシスコ、キリストにおける兄弟！」と呼びかけ、ヴィッテンベルクへ来訪されるならいつでも「破門状焼却の五〇〇年後」に心より歓迎し、「キリストと共に語り合い、勇敢に前進しましょう」と訴えた。

いずれにしても両教派間の《対話と和解》は、これまでとは異なった新しい角度から構築すること――あえて言えば《コンセンサス》モデルへのこだわりから脱して、互いの相違を認めた上で一致・協力する教会形成を進めること（"Einheit in der Unterschiedenheit"）――が求められているのではなかろうか（U・ケルトナー『エキュメニズムはどこに向かうのか』二〇〇五年）。宗教改革の信仰的遺産を正しく継承する責任は、まさに二〇〇七年に始まった一〇年計画の五〇〇年記念行事の終了した現在、《二〇一八年以後》（ケルトナー）においてこそ、新しく取り組まれねばならない課題であろう。

ルターの求道の原点にあったのは、永遠の死の不安、すなわち、最後の審判の日における神の恵みの赦しと救いという問題であった。それは、世俗化された現代においても、形を変えて究極的な存在根拠への問いとして、すなわち、生きる意味への問いとして妥当している。いやむしろ、グローバルな差別と格差の広がった現代世界においてこそ日常的に経験されている厳しい現実と言ってよいであろう。

元来、信仰義認論は成果や業績によらない人間存在の在り方を示唆し、さらに《恵みの選び》の教理は地球という小惑星上に生を享けている不思議（＝有り難さ）への驚嘆の思いを教える。そこからは、草の根の人びととの連帯、すべての生命との共生にたいする責任が喚起されるだろう。宗教改革の思想遺産がもつ今日的意味と重要性とに改めて注目すべきではなかろうか。

あとがき

　宗教改革五〇〇年を記念する行事がすべて終わった現在、記念の日を一〇月三一日に設定したのは果たして正当だったのかどうか問い直して見るのも面白いかもしれない。「ルター伝説」を扱った箇所（五〇頁）で指摘したように、この日付や槌打ちの事実をめぐって研究者間の論争は決着していないのだから。しかし、以下においては、一〇月三一日を記念の日とするのはやはり正しかったのだと結論したい。それは、マルティン・ルターという名前そのものと関わりがあるからである。

　ルターは、その誕生以来、修道士になる決心をした後も、神学教授としてヴィッテンベルクに赴任してきた時にも、一五一七年秋までは父親と同じくルダーという家名を用いてきた。しかし、九十五箇条の論題《テーゼ》を同封した大司教アルブレヒト宛ての書簡では、はじめてルターと改名した署名をしていたのだ。いっそう正確に言えば、すでに同じ年の一〇月――問題の書簡発送の直前――には、大学内の公的文書に神学部長としてルターと署名された記録のあることも確認されている。

　なぜ彼が名前を変更したのか。ルターは、これまでの低地ドイツ語によるルダーという呼称がヴィッテンベルクの市民にとっては、やや卑俗な響きをともなうところから、当時の社会的慣習に従い、上層市民の間で用いられていた高地ドイツ語によるバリエーションとしてルターを名乗ったのではなかろうか。そうすることによって彼は、高位の上司にたいして自分がアカデミックな世界の人間であることを示そうとしたのではないか、という姓名学者の研究も発表されている（J・ウードルフ『マルティヌス・ルダー――エレウテリウス――マルティン・ルター――ルターは何故名前を変えたのか』二〇一六年）。

アルブレヒト自身は、一一月半ばにいたるまで、このルターの手紙を開封しなかったようだ。しかし、ルターの方は、アルブレヒトに書簡を送った直後の一一月初めから、ごく限られた親しい知友たちに宛てた手紙の中で、エレウテリウス（「解放された人」）と署名するのを楽しんでいたという事実が知られている。そこからは、姓名学的に引き出された理由づけよりも、いっそう深い内的な促しが存在したことを推定させられる。すなわち、《解放》という言葉には「スコラ神学の影響から自由になったと感じていた」（B・ローゼ）ことが表われているという神学的解釈も出されているのだ。

さらに一歩踏み込んで、「包括的な改革の先駆者的役割」（T・ヤコービ）を自覚していたことの表現だ、と考える研究者もいる。しかもエレウテリウスという署名は、僅か一年余という極めて限られた期間にのみ使用されたにすぎないことにも注目すべきだろう。ラテン語で書かれていた九十五箇条の論題《テーゼ》は、いち早くドイツ語に翻訳され、あたかも天使によるメッセージのように、きわめて短期間のうちにドイツ全土を駆けめぐり、さらにヨーロッパ諸国のあいだでも大きな反響を呼び起こした。ルターがエレウテリウスという署名をつづけていた期間は、当時のこうした高揚した雰囲気と呼応するものがあったのではなかろうか。

正確な日付はもはや確定しえないにしても、大司教宛てに手紙を送った当日かその直後の一一月初めには、大学の同僚や学生たち、また一般公衆に向けて、この論題《テーゼ》はヴィッテンベルクの城館付属教会の門扉に打ち付けられたのだ——むろん、ルター自身の手によってか大学職員の手によってかは別として。一〇月三一日を宗教改革の発火点として記念するのは、けっして誤りではなかったのである。

最近になってドイツでは、一〇月三一日を宗教改革記念日として公定する動きをめぐり激しい対立が生じている。ブレーメンの市庁舎前広場には、「マルティン・ルターの赤裸々な真実」と刻まれた台座の上に、両手で黒いマントを広げたルターの裸体像が据えられ、そのマントには上述した（二四八頁）哲学者ヤスパースのルター非難の言葉が記されているのだ（「一〇月三一日への挑戦」、『ヴェーザー・クリーール』二〇一八年三月二日号）。

元来、祝祭日の多い南ドイツに較べて少なかった北ドイツの諸州で、かつてのハンザ同盟傘下の大都市を中心にして、この問題が政党間の公約に採用され、それに反対して宗派間、宗教間、さらには非宗教者も加わった激烈な論争が展開されているらしい。——冷静な目からすれば、消費者の購買意欲促進を狙って休日を増やそうとするしたたかな商業政策から出てきた動きだと考えられている。それにしても、悪趣味な写真を載せた報道記事に接すると、宗教改革記念をめぐる論議のためには、もっと高い観点から切り込む鋭い問題意識が求められているのではなかろうかという思いを禁じ得ない。

＊

本書第Ⅰ部「宗教改革の原点」では、ルターが修道院入りを決意したシュトッテルンハイムの体験から九十五箇条論題《テーゼ》の提示、ウォルムス帝国議会での証言、ヴァルトブルク古城での聖書翻訳にいたる宗教改革開始期の重要な事件を、伝説と史実とを織りまぜ、また史跡探訪の旅の思い出の一端をも加えて報告した。そして伝説が生まれた過程を探り、むしろ、《伝説》と言われるものの根底にひそむ歴史的《真実》を明らかにしようとした。

第Ⅱ部「美術史の中の宗教改革」では、クラーナハからブリューゲルにいたる五人の代表的な画家を取り上げ、その多くの作品を当時の歴史的環境の中に位置づけて読み込んでいる。これらの有名な作品群を宗教改革の運動に影響されて生まれたものとしてとらえる美術的精神史の試みである。第Ⅰ部、第Ⅱ部ともに、比較的親しみやすい読み物になるように工夫したつもりである。

第Ⅲ部「宗教改革の精神と神学」は、《二つの宗教改革》（M・A・オーバーマン）の運動を支えた基本的な信仰的原理と、そこから生み出された社会的なエートスを略述した（第七章）上で、宗教改革の神学において中心的な《予定説》の問題に焦点を当て、ルターとカルヴァンについて、その信仰と思想を詳細に比較分析した。《予定説》は、しばしば世俗化された一般的理解では、暗い宿命論や因果応報説のようにとらえられやすい。しかし、本書で明らかにしようとしたのは、近代史形成の上で貢献した予定信仰の深層にあるのは、《キリスト者の自由》を可能にする信仰義認論にほかならないということである（第八章）。

むろん、予定説から引き出されてきた《二重予定》の論理は、その後の歴史的展開の中で宗派間の対立や反ユダヤ主義、さらには人種差別など、現代史にも通じる危険な問題性を宿してきた。こうした《人間の混乱》の只中で《神の恵みの選び》をもっとも中心的なテーマとして取り上げてきたのが、二〇世紀の神学を代表するカール・バルトだったことは、よく知られている。「宗教改革者たちを越えて」（第九章）は、バルトの神学思想に即して、宗教改革者の予定論をも越えて、さらに《万物和解》の希望にまでいたる開かれた将来的パースペクティブを追求した。「終章」では、ルター、さらにはカルヴァンをも二〇世紀の独裁者ヒトラーの先駆者として論じる――第二次大戦中から今日もなお一部に残された――宗教改革批判の論議にふくまれる問題について多面的な角度から検討を加えた。それは、現代史にたいする宗教改革の思想遺産の関わりについて回答する一試論でもある。最後の「付論」は、宗教間対話の《モデル・ケース》ともなりうる『信仰義認に関する共同宣言』を中心にして、エキュメニカルな教会一致の最近の動向を短くふり返ってみたものである。

＊

本書の内容は、これまでさまざまの形で発表してきた研究論文やエッセイを下敷きにしているが、中には大幅に加筆し改稿したものもふくんでいる。それらの初出の際の原題と掲載誌を示せば下記の通りである。

まえがき（『婦人之友』二〇一七年一〇月号、所載）

1　「われここに立つ」（東北大学法学会『法学』第61巻第4号、所載、一九九七年）

2　「ルター《伝説》のトポグラフィー」（『図書』二〇〇〇年九月―一一月号、所載）
3　「クラーナハと宗教改革」（『図書』二〇一七年三月号、所載）
4　「デューラーと宗教改革」（未発表）
5　「リーメンシュナイダーとグリューネワルト」（未発表）
6　「ブリューゲルと宗教改革」（『図書』二〇一七年八月―九月号、所載）
7　「宗教改革の神学的特性と精神態度」（未発表）
8　「二つの宗教改革」（未発表）
9　「予定説と万人救済説」（『思想』一九九八年八月号、所載）
終章「ルターはヒトラーの先駆者だったか」（未発表）
付論「エキュメニズムはどこに向かうのか」（未発表）

本書は、もともと昨二〇一七年一〇月の宗教改革五〇〇年記念を期して刊行する予定だったが、新稿作成に時間を要したため今日にいたった。この間、著者の遅筆を忍耐して待ち、さまざまの助言と激励を惜しまれなかった新教出版社の小林望社長の御好意と寛容にたいして深く感謝の意を表する次第である。

二〇一八年　春　仙台にて

宮田光雄

宮田光雄（みやた・みつお）

1928年、高知県に生まれる。東京大学法学部卒業。東北大学名誉教授。長年、学生聖書研究会を主宰して伝道に献身し、自宅内に学寮を建てて信仰に基づく共同生活を指導してきた。主な著書は『西ドイツの精神構造』（学士院賞）、『政治と宗教倫理』『ナチ・ドイツの精神構造』『現代日本の民主主義』（吉野作造賞）、『非武装国民抵抗の思想』『キリスト教と笑い』、『ナチ・ドイツと言語』『聖書の信仰』全7巻、『ホロコースト以後を生きる』『国家と宗教』（以上、岩波書店）、『宮田光雄思想史論集』全8巻（創文社）、『十字架とハーケンクロイツ』『権威と服従』『《放蕩息子》の精神史』（新教出版社）ほか多数。

ルターはヒトラーの先駆者だったか
宗教改革論集

2018年9月1日　第1版第1刷発行

著　者……宮田光雄

発行者……小林　望
発行所……株式会社新教出版社
〒162-0814 東京都新宿区新小川町 9-1
電話（代表）03 (3260) 6148
振替 00180-1-9991
印刷・製本……モリモト印刷株式会社

ISBN 978-4-400-42711-7 C1016

宮田光雄

十字架とハーケンクロイツ

反ナチ教会闘争の思想史的研究

ナチ宗教政策や戦後罪責論争など教会闘争を多様な側面から照らし出す5本の論文。40年にわたるナチズム研究の掉尾を飾る記念碑的労作。 A5判 7600円

宮田光雄

権威と服従

近代日本におけるローマ書十三章

天皇制国家とキリスト教信仰との緊張、特に太平洋戦争下の協力と抵抗の諸相を聖書解釈史を通して描き出した、渾身の近代日本思想史論。 四六判 2600円

宮田光雄

山上の説教から憲法九条へ

平和構築のキリスト教倫理

聖書釈義、思想史的考察、憲法九条に基づく防衛戦略など4論文を収録。イエスの平和の福音が政治的にも有力だとの驚くべきメッセージ。 B6変 1800円

R・ベイントン
出村彰訳

宗教改革史

宗教改革はなぜ起こりいかに展開したのか。歴史的・社会的条件に目配りしつつ、改革者の信仰と思想の全容をまとめる。待望の改版復刊。 四六判 2800円

M・ルター
藤田孫太郎編訳

ルター自伝

新教新書276

「卓上語録」から自伝的な文章を抜粋。編訳者の詳細な解説を間に配し、その生涯、信仰、人間性を伝える。宗教改革500年記念復刊。 新書判 1200円

表示は本体価格です。

新教出版社